汉语国际教育
论文写作教程

娄开阳　著

中央民族大学出版社
China Minzu University Press

图书在版编目（CIP）数据

汉语国际教育论文写作教程 / 娄开阳著. —北京：中央民族大学出版社，2017.10（2020.12 重印）

ISBN 978-7-5660-1449-8

Ⅰ.①汉…　Ⅱ.①娄…　Ⅲ.①汉语—对外汉语教学—论文写作—研究生—教材　Ⅳ.①H195

中国版本图书馆 CIP 数据核字（2017）第 263102 号

汉语国际教育论文写作教程

著　　者　娄开阳
责任编辑　戴佩丽
责任校对　杜星宇
封面设计　关国焕
出版发行　中央民族大学出版社
　　　　　北京市海淀区中关村南大街 27 号　邮编：100081
　　　　　电话：68472815（发行部）传真：68932751（发行部）
　　　　　　　　68932218（总编室）　　　68932447（办公室）
经 销 者　全国各地新华书店
印 刷 厂　北京鑫宇图源印刷科技有限公司
开　　本　787×1092　1/16　印张：20
字　　数　230 千字
版　　次　2017 年 10 月第 1 版　2020 年 12 月第 2 次印刷
书　　号　ISBN 978-7-5660-1449-8
定　　价　78.00 元

目　录

写在前面的话

——论恩师宇明先生的治学之道*

从2002年第一次去老师课上旁听算起，至今已从师学习十余年了，受教期间获益良多，本文想结合自己从师受教的经历谈谈对老师治学精神的领悟，即治学之“道”。老师的治学之道可概括为16个字：家国情怀、天道忌伪、天道酬勤、天道忌贰，进一步概括可提炼为四个字：忠、诚、勤、专。

* 本文发表于2014年9月第五届聚贤聊斋语学论坛。按照家乡的风俗，是年为笔者的博士导师李宇明先生60整寿（虚岁），谨以拙文为老师贺寿！文中所述仅是个人肤浅感受，不当之处概由作者本人负责。

一、家国情怀：忠

家国情怀是儒家文人千年的传统，自古知识分子最推崇的就是修身、齐家、治国、平天下的理想人格。我自己理解就是一个“忠”字：所有学术行为都是为着国家和民族的，不做有损国家和民族利益的事——“家国”始终是学术的起点与归宿。我对家国情怀的理解经历了一个由浅入深的过程：

1.1 在治学理念上要以中国为本位，不崇洋媚外，所有学术行为都是为国家民族服务的。

老师在和一位朋友聊天时曾说：“大胡子说一句话大家就忙着去找例证，要不就是为他们的理论补漏子。”我在旁边听到这句话时心中有一股莫名的共鸣，真觉得“与我心有戚戚焉”。科学无国界，但科研成果是有国界的，作为中国学者就应该为自己的国家服务，站在汉语的立场上来看待问题和分析问题。

最典型的例子是李老师对我博士论文的指导。入门后老师希望我研究现代汉语的篇章结构，我也很喜欢这个题目。不过当时几乎同时有四个人在研究这个方向，除了同届的两位学友之外，还有上一届的一位师姐（三人均是其他老师的学生）。这位师姐外语很好，她准备以国外的某种理论为背景，结合汉语的事实来完善补充该理论的相关内容。当时有好几位关心我的老师替我担心，认为我的外文阅读能力有限，恐怕不一定会做得出来或者未必有别人做得好。李老师从来不担心，他训练我的方法是很独特的：在指导我的初期严禁阅读前人文献，只是强调立足汉语事实，一步一步来：搜集语料，建语料库，分析语料，最后形成结论。我写作过程中经常因过于关注别人的进度而挨骂，老师只是一再强调“做你的，思考你的，不要管别人”。当时感悟不深，现在全明白了。

这一学术态度对我影响至深，一直左右着我毕业之后的研究方向。毕业后我进入国际汉语教学领域开始教留学生，单位希望我能结合一线教学做些研究，于是我开始关注美国明德汉语教学模式。这是赵元任先生在第二次世界大战期间开创的，后被美国明德暑期中文学校发展完善，最终形成的一种强化速成汉语教学模式。研究之初，似乎是以介绍评述为主的，但在研究过程中老师当年的教诲发挥了很大作用，使我越来越清晰地意识到：我的研究目的是为国内对外汉语教学服务的，不是为了研究而研究。明德模式是在特殊历史条件下形成的，有其特定的应用环境和条件，说到底是为美国汉语教学服务的。而我要面对的是来华的各国留学生，要解决的是我教学中遇到的各种问题——因此我的研究本质上是一种移植研究。学界也有其他人研究北美汉语教学模式，我无意置评，我只是遵照老师当年的教诲，做自己的，思考自己的，走自己的路。我相信我的选择会得到国家的眷顾，“国家关心关心国家的人”①。

① 笔者主持的课题“面向跨境民族的美国明德汉语教学模式移植研究（2015MDQN21）”于2015年获中央民族大学自主科研项目资助，拙著《美国明德汉语教学模式移植研究》（中央民族大学出版社）已于2016年9月出版，宇明老师欣然赐序。

1.2 在学术操守上要以中国为核心，时时处处维护国家利益，不做有损国格人格的事。

老师离开教育部时特别强调了“家国情怀”，也深深地感染了我。长久以来，我一直觉得汉语研究是一门很朴素的学问，除社会语言学之外，与外界关联不大，似乎提不到家国情怀这个高度。直到博士毕业后我进入国际汉语教学领域，开始与洋人打交道，才意识到汉语教学与研究和国家与民族是紧密相连的，在涉外交往中坚持家国情怀是一个中国知识分子应有的操守！

“人生物语融道禅，悟得不易行更难。已染红尘五十载，仍放心猿青山间。”[①] 宇明老师的这首诗我很喜欢，过目不忘。诗人以诗明志，表明了自己为国为民的赤子之心。尽管在这个过程中会遭遇种种艰难困苦，免不了要沾染“红尘”，但并不因此而放弃自己的追求——因为心中有报国之志，有挥之不去的家国情怀，所以虽九死而犹未悔！

老师所有治学精神中我以为当以这一条为最重要，是所有学术行为的基础和前提。在治学之初、在上路之前最应该想清楚的问题就是：我的学术行为是为了什么？我最终的目的地是哪里？就我自身而言，对老师家国情怀这一治学理念推崇备至，领悟最深，践行最力！我因此所遭受的挫折磨难也最多，思想境界上的长进提高也最大！“道之所在，虽千万人吾往矣”——这个“道”就是老师自己坚持并传授给弟子们的“家国情怀”。我觉得这是老师传授给我最最珍贵的东西，我很珍视它。

---

① 笔者和诗：勘情破世道与禅，人前显胜人后难。玄黄宇宙亿万载，攘攘熙熙名利间。

二、天道忌伪：诚

李老师曾经说过："治学的本质是求真。"他在《赴任北语有怀》一诗中亦有云："早把心智许学林，求善求美本求真。"[①] 总结老师的治学态度，可用"天道忌伪"四个字来概括。我觉得从正反两方面来理解这一治学思想或许会更全面些：

2.1 从正面来说，对待语言事实要有老老实实的态度，不能想当然，更不能投机取巧。

老师在上课的时候曾说，"人类有现实世界也有语言世界，这两个世界之间既有联系但又有不同"。我当年在撰写博士论文的时候并没有充分领悟老师当年课上所讲的深刻含义，在分析新闻事件和新闻评析之间的先后顺序时，理所当然地认为必然是先发生了新闻事件然后才可能出现新闻评析，并因此得出结论：新闻语篇穷尽性考察共有 90 种篇章结构类型。[②] 毕业之后静下心来重新审视这个结论，才发现当初的这种认识是错误的——上述认识是基于现实世界得到的常识，对语言世界来说并不适用。在语言世界中的确是可以先出现新闻评析再出现新闻事件的，[③] 因此结论就修订为新闻语篇全部的篇章结构

---

① 后两句是"叶青叶黄归根去，十年官身做新民。"笔者和诗："官身十年奉学林，为党为国本为民。俗尘脱却园田去，苍龙归海终还真。"

② 参看拙著《现代汉语新闻语篇的结构研究》（世界图书出版公司，2008年）第 139 页，数学公式为：$C_9^1 \times C_{10}^1 = 9 \times 10 = 90$。

③ 文学中的"倒叙"手法也反映了这一点。

类型共有 176 种。[①]

2.2 从反面来说，治学要严谨，论文可以少写一点，学风错误决不能犯。

老师每次讲课必谈学风问题，一再强调“论文可以少写一点，但学风错误决不能犯!”造成学风问题的根本原因大概是学术道德与治学方法两个方面。有的人由于研究方法有缺陷或者未能掌握正确的治学方法而出现学术不规范的错误，似乎情有可原。更多人犯学风错误是道德方面的原因——不注意自己的学术修养，研究时故意不遵守学术规范，这是不可原谅的!

回想老师的教导，在这两方面都是十分注意的。我记得老师曾不止一次谈到过一稿多投的问题，谈到过不能自我拷贝的问题，这些我都牢记在心并传授给我的研究生们。学术道德是大节，恪守学术道德是一个学者应有的素质，不多说了。我感受最深的是老师针对我所传授的治学方法使我在学术道路上享用无穷、受用不尽——不仅是我自己的治学，也包括带研究生。这一“独门秘笈”的核心思想就是立足事实、独立思考。我的硕士论文因为参考了大量文献而又不能很好地消化，致使自己的一些想法淹没在了前人的观点之中。老师为了导正我，在博士阶段因材施教，采用了与其他师兄弟不同的训练方法：先不看前人的文献，而是立足汉语事实，独立进行思考。老师在给我的邮件中着重强调：“还是把你的想法先写下来。材料

---

① 参看拙文“基于规则的研究：新闻语篇结构类型穷尽性探析”（《学术交流》2009 年第 8 期），数学公式为：$C_{11}^{1}\times C_{16}^{1}=11\times16=176$。

分析是第一位的。”

刚开始时我手足无措、痛苦不堪，论文几乎写不下去；随着研究的深入开始渐入佳境，慢慢咂摸出这种方法带给我的好处：立足语言事实总可以使论文做得比较实在，不至于太空泛；而独立思考出来的观点即使肤浅，也决不用担心学风问题。我在指导研究生的时候也运用了老师传授给我的这种方法，效果奇佳，屡试不爽！现在研究生答辩前都要通过学位论文软件查重检测，对学术规范的要求是越来越高了。我带的研究生每年都能通过检测，顺利进入答辩环节，即缘于此。我每年也都会把研究生的全文检测报告发给老师，作为我育人方面的作业。

三、天道酬勤：勤

中国自古以来就非常强调勤奋，“一勤遮百丑”“人勤地不懒”等俗语无一不是说明的这一点。李老师在教导弟子们时也时常强调“一分耕耘，一分收获”，不但自己身体力行，也指导得更细致更具体。老师自己的勤奋是有目共睹的，一年三百六十五天只休息一天的故事大家也都知道，不多说了。下面主要从“思”与“行”两个方面来阐述老师天道酬勤的思想：

3.1 勤于思考

勤于思考是老生常谈，问题是如何去思考？思考后的结论如何判断？思考到何种程度？

3.1.1 展开批判性思考。李老师说：“批判性思维是个好东西，是学者必备的素质。”他教导弟子在治学的时候，需要用审视的眼光去分析语言事实，并对待前人的研究成果。回想当初博士开题时，个别老师甚至不允许批评前人，只允许在文献综述中说“前人已经做到了哪一步”。我觉得要正确理解老师的意思，学术总是建立在前人研究基础之上的，对前辈学者保持尊敬是应该的（在语言表述上尤其应该注意），但并不是说因此就不敢批判性地看待前人成果了——那样的话学术也就无法向前发展了。

3.1.2　与前人成果相比较。我在遵照老师教导独立思考时遇到的问题是，得出的结论不知道对错。李老师在早年的一篇文章中回答了我这个问题，[①] 他指出，用自己的想法比照前人结论，你会发现有三种情况：第一种是你错了，前人对此已有明确的阐述；第二种是你的想法是对的，可惜前人已经说过了而且常常比你说得好；第三种是你的想法前人没有提到过，而你也不知道对错。其中第三种是最可贵的，是你创新点的源头。我自己在治学过程中发现情况的确如此，批判性思考的习惯一旦养成就会有源源不断的 idea 出现，只要能自圆其说就会出好文章。

3.1.3　多挖几个层次。思考到何种地步就算是达标了？老师有一次在饭桌上无意中回答了我第三个问题：如果你有十足的把握认为自己的想法是对的，那么说明你思考得还不够，还没有挖掘到底；什么时候你对自己的结论将信将疑、捉摸不定的时候才算是已经将你的才智发挥到了极致。此外老师在论及思考深度的时候也曾说过，问题挖到第四个层次的时候就说

① 见李老师：《泛舟学海，科研乃桨》，载《研究生教育理论与实践》1989年第2期。参看本书附录一。

明思考得比较深了，如果只有简单的一两个层次，说明挖掘得还不够。

3.2 勤于动笔

李老师曾说：“你纵然是满腹经纶，也要有东西标志着你!”这句话很实在，“自古无场外的举人”，类似朱德熙、宗白华等论著少而地位高的学者毕竟是少数。老师勤于动笔的思想我是从以下几个方面来理解的：

3.2.1 “行”是“思”的梳理、提炼与总结。没有行只有思，最后什么也留不下来，还是要物化成文字，见诸笔端才行。在练笔的同时也是对前期思路的一种梳理、提炼升华与归纳总结。如果整天思索而不能形成文字，最终这些心灵的火花和灵感也会消逝的。

3.2.2 论文水平有一个从量变到质变的过程。李老师只是要求大家勤于动笔，并没有太多质量上的要求。我理解不是不希望大家写高质量的论文，而是“人非生而知之，人要学而知之”，论文水平也要走过一个从量变到质变的过程，而这一过程是通过不断动笔来完成的。没有数量就谈不上质量，随着数量的不断积累，论文质量自然会越来越高。

3.2.3 对论文写作要有具体的要求。“一个月论文写出来，两个月文章投出去”这是李老师对论文写作的具体要求，如能持之以恒，假以时日当可大成！当初我和尹洪波师弟私下里觉得这个要求还不够高，论文产出速度太慢了——现在看来是有些不知道天高地厚，真要做到很不容易，我自己这几年来也没有完全做到。

以上就是我对李老师“天道酬勤”思想的肤浅理解。老师对勤奋的要求不是一时的，而是希望能坚持不懈，持之以恒。他在给我的邮件中说“人生不是百米赛，而是马拉松”。我在博士毕业初期还比较勤奋，后来评上副高之后就有了喘口气、歇一歇的想法，逐渐懈怠起来。现在想想实在不应该，今后应该继续努力！

四、天道忌贰：专

4.1 学术至上，心境雍和——人生取向

李老师第一次找我正式谈话的目的是要我树立学术至上的人生选择，他说“人一辈子就那么几十年，除去吃喝拉撒的时间所剩已经不多，干得了这个干不了那个，所以一定要有所选择”。后来老师又说“只有学术才能让你的聪明才智发挥到淋漓尽致的程度，做其他任何事情都达不到这一点”。怎奈，花花世界的诱惑太多了，能经得起诱惑专注学术的确不太容易。因此专注学术还是要稳住自己的心——“世间百诱只怕心恒定”，只有稳住心神才能在学术道路上越走越远，学术境界也才能越提越高。

考察我自己的情况，做得有好有坏。在专注学术方面做得不错，没有太多个人的业余爱好，总体来说拒绝了声色犬马的诱惑。但是“心”未能长保平静、雍和；“境”界也不够雅致、高远。行为上常常走极端：初期是好热闹、爱张罗，热衷于跟名家大腕吃饭，曾被老师批评为“语言活动家”；后期则深居简出，不问世事，显得过于消沉，也不利于自己学术的发展。这是一生的修炼，也是每个学术工作者必修的功课。

4.2 选好目标，集中精力——战略抉择

李老师在尹洪波师弟博士论文的序言中谈道，要挖井而不要挖池塘。挖好了井就会有源源不断的活水，否则池塘挖得再大终究也会干涸的。同时在与弟子们的谈话中也多次谈道“不能总是选点开荒，要有自己的学术根据地”。

我这方面总体来说做得不太好，涉足领域过多：在硕士、博士、博士后三个阶段分别主攻了三个不同的方向：中国播音学与心理语言学（汉语口语生成/硕士论文），新闻语言研究与篇章语言学（篇章结构/博士论文）、书面语研究与对比修辞学（篇章结构特征/博后出站报告）。此外，还涉猎了法律语言研究（立法语言技术、言辞证据）、语言规划（台湾语言政策）、语言传播学（口语传播）以及计算语言学（语料库建设）等领域。造成这种局面的原因是多方面的：读书阶段因为还是学生，只能是遇到什么做什么，老师要求做什么就做什么，那时候做得杂似乎情有可原。但毕业之后还处于混乱状态，就实在不应该——说得好听一点是学术兴趣广泛，实则分散了时间精力，没有通盘的计划和安排。

《孙子兵法》有云：“十则围之，五则攻之，倍则分之”，毛泽东新军事思想中也讲“集中优势兵力，各个击破敌人”，讲的都是集中力量歼灭敌人的道理。治学如打仗，学术即战术。老师的话言犹在耳，而我却没能做好，实在惭愧！

“忠”“诚”“勤”“专”这四个字就是恩师宇明先生传授与我的治学之道，无论做得好坏我都一直铭记在心。现在我也是研究生导师，正式带硕士了。每年新生入门，我都会给他们发邮件叮嘱几句。很惭愧，我也提不出什么创新性的治学思

想，只能把从恩师这里承继来的治学之道归纳为自己的师门训诫要求他们遵守——我告诫弟子们的就是当年老师对我的要求：家国情怀、天道忌伪、天道酬勤、天道忌贰！

2014 年 9 月 4 日于第五届聚贤聊斋语学论坛

第一章

绪　论

学术论文写作能力是包括汉语国际教育硕士在内的所有研究生都需要掌握的重要技能之一。"论文写作"这门课也是研究生学业中的重要课程之一。本书是汉语国际教育硕士的论文写作课教材，通过对本教材的学习，学生应了解并掌握现代汉语学术论文写作的基本原理、总体框架、主要内容、写作技巧及论文规范，以及在学术论文写作过程中需要注意的问题等。

本章主要概述学术论文的定义、分类、特点与功能，最后简要说明本书的结构安排。

1.1 学术论文的定义

论文，是一种以说明和说理为主要表达方式的文章。按照《现代汉语词典（第5版）》的解释：凡是讨论或研究某种问题的文章均可称之为论文。[①] 何谓学术论文？根据国家标准GB7713-87的定义，学术论文是："某一学术课题在实验性、理论性或观测性上具有新的科学研究成果或创新见解和知识的科学记录；或是某种已知原理应用于实际中取得新进展的科学总结，以供学术会议上宣读、交流或讨论；或在学术刊物上发表；或作其他用途的书面文件。"广义的学术论文包括学位论文（学士、硕士和博士学位论文）、科技论文（也称为学术论文、科学论文、科研论文、期刊论文等）、科技报告、研究简报和快报等。

1.2 学术论文的分类

按照不同的分类标准会得出不同的分类结果，前述对学术论文的定义是按照狭义与广义来划分的。根据研究领域和研究对象的不同，学术论文可以分为社会科学论文和自然科学论文两大类。其中，社会科学论文研究的对象是人及其与人有关的社会现象，目的是阐述其发展规律，譬如中文、经济、历史等专业的论文就属于此类；自然科学论文是研究自然现象及其规律性的科学论文，除了上述社会科学论文以外的论文都属于自

① 参看《现代汉语词典（第5版）》（商务印书馆，2005年）中第899页"论文"词条。

然科学论文的范畴。本教材主要讨论以语言学为核心的汉语国际教育专业的论文写作问题，兼及国际贸易、经济管理、旅游管理、历史等其他学科领域。

1.2.1 按功能分类：科技报告、科技论文、学位论文

按论文的功能，可将广义的学术论文分成研究报告、科技论文和学位论文三类。此外还有科普论文、研究简报和快报等类型，限于篇幅，不再详述了。

（1）科技报告：又称报告文献或研究报告，最早出现于20世纪初，是记录某一项科研调查、科学实验或研究的成果、进展情况的报告。在第二次世界大战之后发展迅速，成为科技文献中的一个大门类。科技报告的写作目的主要是总结某一阶段的工作进展，通常呈送相关职能部门以供决策咨询参考之用。按照内容可以分为报告书、论文、通报、札记、技术译文、备忘录和特种出版物，主要描述某一项科技研究的成果与进展；或陈述某项技术研制试验和评价的结果；或论述某项科技问题的现状与发展。在写作上通常要求提供较为充分的信息，包括正反面的结果与经验以便评价。此类报告通常都有特定的格式，每份报告自成一册，且须注明主持单位、报告撰写者、密级、报告号、研究项目号及合同号，等等。科技报告在应用对策研究中尤为常见，多数与政府研究活动、国防项目或尖端科技领域有关，要求发表及时，课题专深，内容新颖成熟且数据完整，并且很注重报道正在进行中的科研工作，是一种重要的信息源。

科技报告有以下五个特点：①反映迅速。以此种形式反映科研成果或研究进度一般要比在期刊上发表早一年左右。②内

容多样。科技报告几乎涉及整个自然科学和社会科学领域。③保密性强。大量的科技报告都与政府关注热点以及高新技术有关，使用的范围控制较严。④质量不一。指科技报告的质量参差不齐，由于大部分科技报告是合同研究的产物，且受时间等多种条件限制，使得科技报告的质量良莠不齐。⑤独自成册。每份科技报告自成一册，通常都有连续编号。

（2）科技论文：即狭义的学术论文，其写作目的在于论述创造性研究工作的成果，通常发表在专业期刊上供同行阅读、借鉴。内容是创造某种原理或将某种已知原理应用于实际取得新进展的科学总结，或是某一课题在实验、观察、理论、计算等方面有创新见解的科学记录。合格的论文通常要达到以下几点基本要求：①有原创性；②有完整性；③有准确性；④有可读性。下文将详细阐述科技论文的特点与功能，此处恕不赘述。

（3）学位论文：此类论文的写作目的主要是为了申请学位，是作者本人在独立从事创造性科学研究之后将所取得的科研成果撰写而成。根据所申请学位高低可分为学士学位、硕士学位以及博士学位论文。不同学位论文的要求也不尽相同。

①学士学位论文：系作者提出申请学士学位时所提交的论文。其论文内容应该足以表明作者已经较好地掌握了本学科的基础理论、专门知识以及基本技能，要求有一定的学习心得，并且具有从事科研工作或担负某项专门技术工作的初步能力，字数在 1 万字左右。

② 硕士学位论文：系作者提出申请硕士学位时提交的论文，其内容应该足以表明作者确实已经掌握了本学科坚实的基础理论与系统的专门知识，并对所研究的课题有所创新，足可

反映出作者有独立从事科学研究或独立担负专门技术工作的能力。论文篇幅通常在 2 万~3 万字，也有长达 5 万字的。

③博士学位论文：系作者提出申请博士学位时提交的论文。其内容应该足以表明作者确实已经掌握了本学科坚实宽广的理论基础与系统深入的专门知识，完全具有独立从事科研工作的能力，并在本学科领域做出了创造性成果。论文的篇幅也较硕士论文更长，通常在 10 万字左右。

学位论文的评审并不是以篇幅长短作为衡量的唯一指标的，而主要是以论文质量作为是否达到所授予学位要求的衡量标准的。

（4）科技论文与学位论文的区别：

有必要简要阐述一下单篇的科技论文与学位论文之间的区别，主要表现在字数、内容和要求上均有不同：①字数不同：科技论文通常不超过 1 万字；而学位论文至少也要有两三万字。②内容不同：科技论文通常只集中笔墨阐明、论证一个主题，而学位论文可以论述两到三个问题。③具体写法不同：学位论文一般都较详细地介绍研究课题的研究历史和现状、研究方法和过程等，其目的是说明作者的知识程度和研究能力；而科技论文一般仅在引言部分对论题的背景等进行简单的描述，大多开门见山，直奔主题。④细节处理不同：学位论文对一些具体的计算、实验及推导过程写得较为详细；而学术论文一般只给出主要过程和结果，不再详细描述计算、实验或推导的过程。此外，学位论文的系统性和完整性较强；而学术论文比较强调文章的学术性和应用价值，目的是尽快公布研究成果。

1.2.2 按来源分类：实验研究报告、调查研究报告、文献综述

根据所取得的原始数据的方法，科技论文大致又可分为实验研究报告、调查研究报告和文献综述三大类。

（1）实验研究报告：是通过实验的方法，即以预先控制实验条件并搜集数据而后通过整理撰写出的科技论文。随着语言学与心理学、神经科学等其他学科的交叉发展，实验的方法运用得也越来越多。实验通常是在受控制的条件下进行，并且尽可能排除外界因素的影响，因而有必要对研究对象进行细致观察、分析、比较和综合，从而有可能精确地揭示语言现象中的某些内在联系，从而使科技论文有较大的学术价值。

（2）调查研究报告：是通过以田野调查的方法作为搜集材料的主要手段而撰写的科技论文。在语言学领域，少数民族语言调查和方言调查方面的论文是最典型的通过田野调查获取材料的研究方向。该类论文所使用的材料是对客观事物自发过程的观察与记录，所取得的数据是在特定时间内对所研究对象中某一事件出现的概率，或者是在一个相对较长的时间内对某一事件所出现概率的比较，因此调研报告有较大的实用价值。

（3）文献综述：又称综合性论文，是利用已发表的文献资料为原始素材而撰写的论文。所有的学位论文中单独有一部分是对前人文献的综述，以示本研究是建立在前人研究基础之上的。此类论文对原始素材进行分析和评价后，提出在特定时期内某一领域或某一专题的研究工作进展和发展趋势。通过回顾、观察和展望，提出合乎逻辑的具有启迪性的看法和建议。研究生在开题时都要提供有关的文献综述，如果把这一部分经

过精练、修改和润色，就可以作为综述性论文发表。

目前，获取材料的途径越来越多。就语言学专业而言，除了实验和调查的方法之外，也越来越多地通过语料库来获取语料。利用语料库获取语料有诸多好处，不仅语料获取方便快捷，而且语料较为同质，同时也便于统计分析。事实上，上述两种分类只是对学术论文所做的一个粗略划分，并不能完全涵盖所有的论文类型。

1.3 学术论文的特点

学术论文一般以科技新成果为对象，采用学术语言和科学逻辑思维方式，并按照一定的写作格式撰写，论文的作者必须持有严肃的态度、严谨的学风、严密的方法，使论文具有科学性、创新性、实用性和规范性等特点。

1.3.1 科学性

科学性可以说是学术论文的生命，同时也是对作者的第一要求。若没有科学性，学术论文就失去了价值。学术论文的科学性主要体现在以下四个方面：真实性、准确性、可重复性和逻辑性。

(1) 真实性：所谓真实性就是实事求是，不能有半点虚假。要做到真实可信，必须有严密合理的科研设计，先进科学的研究方法，客观的分析论证。绝对不能主观臆测，甚至弄虚作假，结论必须要能经得起他人的重复和检验验证。历史上弄虚作假的研究并不鲜见，如日本学者小保方晴子及其研究团队 2014 年 1 月因在英国权威学术期刊《自然》上发表具有突破性的干细胞研究论文而名声大噪，甚至被追捧为有望冲击诺贝尔奖的“日本居里夫人”。后经证实，其论文涉嫌造假。事发之后，小保方晴子的导师笹井芳树自杀。

（2）准确性：主要指数据准确无误，引文准确及用词准确。论文失去准确性是不可原谅的，最著名的例子是韩国生物学家黄禹锡造假事件。2005 年 12 月，黄禹锡被揭发其发表在《科学》杂志上的干细胞研究成果涉嫌数据造假，《科学》杂志为此声明从该刊中永久撤销其研究论文。韩国法院也裁定黄禹锡侵吞政府研究经费、非法买卖卵子罪名成立，判处其两年徒刑，缓刑三年。

（3）可重复性：指作者所研究的结果在同等科研条件下是可以重复再现的。可重复性是科学性的重要体现，具体包括两层含义，一是作者自己可以重复再现先前同样的实验结果或观察结果；二是其他人根据作者介绍的实验条件和方法也可以再现同样的实验结果。两层含义的实质是经得起实践的检验。这方面的典型例子是，2017 年 8 月《自然-生物技术》宣布撤回河北科技大学副教授韩春雨团队于 2016 年 5 月 2 日发表在该期刊的关于新基因编辑技术 NgAgo-gDNA 的论文。主要原因就是该论文的可重复性遭到国内外学者的广泛质疑：在按照韩春雨论文所述的方法进行实验后，他们无一例外地没有看到 NgAgo 技术有能编辑基因的迹象。[①]

（4）逻辑性：逻辑思维能力也决定着学术论文的好坏。只有作者拥有较好的逻辑思维素养，才能使论文全文推理合乎逻辑，主题突出，思路清晰和结构严谨。在分析、推理和判断

---

① 参见人民网新闻“《自然》子刊发文确认：韩春雨 NgAgo 论文已撤回”：http：//culture. people. com. cn/n1/2017/0803/c1013-29447382. html.

时，既要有事实根据，又要符合逻辑原理，应前后呼应，自成系统。

1.3.2 创新性

创新性又称为创造性。北京大学中文系教授陆俭明先生2010年8月13日在北京师范大学中国语言学暑期研讨班上指出："科学研究贵在创新。"创新性是决定论文质量的主要标准之一。没有创新点，一般性重复前人已有的工作，就没有科学价值。创新性有着广泛的含义，既包括首创的新发现、新发明，对学说或定理的新解释，研究方法的改进等，又包括在现有水平基础上所做的改进或完善。总之，必须要有"新"意才行。

1.3.3 实用性

所谓实用性是指学术论文具有实践意义或实用价值。一篇学术论文是否具有实用性主要视其有无明显的经济效益和社会效益，具体到国际汉语教学领域就是看论文是否有助于教学实践一线。如果学术论文在读者阅读后即能应用于实践，则该论文就具有较高的实用价值。与此相对应，有些论文属于基础研究或本体研究，无法直接服务于教学实践一线，但从总体上来说仍然具有一定的实用性，只不过其实用价值不在一时一事罢了。

1.3.4 规范性

所谓规范性是指学术论文有自己的写作标准和格式，要求各方面符合国际规范或国家标准的要求，这也是本课程要解决的问题。

1.4 学术论文的功能

学术论文的功能很多，撰写和发表学术论文的目的也有很多。对研究生而言，学位论文最主要的功能就是申请硕士学位，不提交学位论文就无法获得硕士或博士学位。对此，研究生要有非常清醒的认识。除此之外，学术论文的功能还有很多，下面择要阐述。

1.4.1 学术论文是科研工作的最后完成阶段

学术论文是科研成果的记录，是通过文字形式保存的科学技术积累，是科研工作的重要组成部分。世界著名物理学家、化学家法拉第曾经指出科学研究有三个阶段：首先是开始，其次是完成，再次是发表。三者互相关联，相辅相成。在实际的科研工作中也分为三个阶段：第一是准备阶段，包括选题、查阅文献和课题设计；第二是进行阶段；第三是总结和撰写论文阶段。由此可见，撰写论文是科学研究工作的最后完成阶段。通过撰写科技论文，不仅能够如实地记录科研工作，而且可以运用逻辑思维，把科研发现加以整理、分析和综合，进行总结。如果不能将科研成果以论文的形式发表，就等于科研工作尚未完成。我的老师、浙江大学的刘海涛教授更是直言不讳地指出："发表研究成果是科研过程中不可或缺的重要环节！科研成果如果没有发表，就等于不曾存在。"①

---

① 这是刘海涛老师 2009 年 9 月 29 日在中国传媒大学学术讲座"如何写论文"中特别强调的。

1.4.2 学术论文是衡量学术水平的重要尺度

论文是科研成果的主要表现形式，是学术成就大小的标志。学术论文的数量和质量将代表着作者本人及所属科研机构的学术水平。学术论文反映了作者的分析能力、创造能力、综合能力和表达能力以及所掌握的知识的广度和深度。中国古语有云，“自古无场外的举人”，强调学子即便学识渊博也要通过科考来展示才华，否则便无法得到政府和社会的认同。李宇明老师也曾强调：“纵然满腹经纶，也要有东西标志着你。”[①]因此，每一位研究生都必须深刻意识到：学术论文写作是科研工作者必备的基本功，学术论文撰写是研究生科学素养和基本功训练的主要内容。

1.4.3 学术论文是实现知识国际化的重要手段

学术论文是研究成果的重要传播形式，可以实现学术交流并推动学科的发展。开展学术交流的方法很多，如召开学术报告会、举办学术讲座，召开专业学术会议等，但不论何种形式，都离不开科研论文。在各种途径发表学术论文是公布研究成果，取得同行承认的主要途径。

通过发表学术论文，也可实现知识的社会化和国际化。论文一经正式发表即成为科学文献，成为国家乃至世界科技文献宝库中的一部分，被学界承认、参考引用和借鉴，从而为本领域的学科发展做出贡献，而学术论文引用频次的高低也成为评价论文水平的依据之一。刘海涛教授多次谈道，中国语言学界

① 这是李宇明老师2004年秋季在与中国传媒大学2004级博士生谈话时特意叮嘱的，此后又多次强调。

的两大任务是学术研究的科学化与国际化。所谓“国际化”就是呼吁国内语言学界应多将科研成果向国际传播，在国际语言学界发出自己的声音。

1.5 发表论文的意义

身为研究者为什么一定要发表学术论文？这是研究生在读期间就应深思熟虑的问题，否则大可不必投身学术生涯。事实上中外学界对论文发表曾持有截然不同的两种观点：

1.5.1 中国传统观点：“厚积薄发”

我国民国时期的中央研究院历史语言研究所有一个不成文的规定，青年学者进所之后三年之内不准发表文章。老一辈的大家也经常告诫年轻人：要做大学问，就要耐得住寂寞，厚积薄发，养成大气。一有心得就发文章，气散能尽，成不了大学问（许纪霖，2014）。其核心思想就是厚积薄发，述而不作。

这一传统在新中国成立后仍得以继承，如北京大学中文系著名学者王瑶先生就告诫自己的弟子钱理群，要“沉潜”“不要急于发表文章”①。要沉得住，潜下来，沉潜于历史的深处、学术的深处、生活的深处、生命的深处：这是做学问与做人的境界。切不可急功近利，切不可浮躁虚华：这是做学问、做人的大敌。不是不讲功利，要讲长远的功利，着眼于自己一生的长远发展，而不只看眼下的得失。

王瑶先生的另一位弟子陈平原教授也谈到王先生不鼓励研

① 见钱理群《我的老师王瑶先生怎么教弟子》，载《王瑶怎样当北大教授》，广西师范大学出版社，2006 年 5 月。

究生在学期间发表论文。理由是：不垒高坝，提不高水位；随处发泄，做不成大学问[①]。简言之，就是要求“厚积薄发”。

1.5.2　西方统一认识：“不发表即灭亡”

西方学界有“不发表即灭亡（Publish or perish）”的认识，用近乎危言耸听的言辞告诫人们，在学术研究中若不能经常发表论文即面临着出局的危险。这一点已经成为现代西方高校与科研机构公认或者默认的学术规则。

更有学者引用发表在 PloS ONE（2016 年 11 月 21 日）上的研究文章《质量与/或数量？论多发表学术文章的重要性》（Quantity and/or Quality? The Importance of Publishing Many Papers）来说明[②]：

（1）产出（即文章的数量）与影响（即被引用率）之间不仅有非常紧密的联系，而且还适用于高水平文章的产生，即发表的文章越多，其中的高水平文章就越多。已得出的一个结论就是：文章发表的数量越多，学者的被引用率越高，也就意味着这位学者的学术水平在提高。

（2）没有任何证据显示多发文章一定会导致学术质量的下降。该文作者之一桑德斯特罗姆不理解学术界为什么会面临“因为发表文章多而导致学术水平下降”这样的压力，他认为事实恰恰相反，在论文发表和论文产生影响之间总是有着良性的循环。

---

① 见陈平原：《‘好读书’与‘求甚解’——我的‘读博’经历》，载《学位与研究生教育》2003 年 12 期。

② 见郭英剑：《文章数量越多，学者研究水平越高》，载《中国科学报》2017 年 1 月 3 日第 7 版。

（3）多产的作者往往在各自的领域当中有着更好的声誉。因此，这些学者的同行们也都更愿意在自己的学术研究当中去引用他们的研究成果。这对提升高产作者的学术声誉同样具有重要作用。

总之，西方学界认为研究者要多发论文才有可能发出高质量的好论文。

1.5.3 给研究生的建议：早发、多发

中国传统学界有不少人认为，急于发表或者过多发表是急功近利的表现，会使学者难以全心全意地去思考更长久、更富有创新性的观点。实际上从上述国外的研究结果来看，上述观点是值得商榷的。这种把论文质量和数量对立起来的看法显然建立在一种错误的观念之上：即学者要想有好的观点、好的思路和好的文章就一定需要时间，急于发表是学术上不成熟的表现。对于在读研究生而言，我们认为早发论文、多发论文是较为现实的选择[①]。原因如下：

（1）学位申请的要求：这是硬条件，几乎所有高校都要求在读研究生或者博士生必须发表若干篇论文之后方能获得学位。对此，不同培养单位有不同的要求，如有高校规定，只有达到了论文发表的要求之后才具备申请论文答辩的资格；也有高校规定在通过学位论文答辩之后，只有达到了论文发表的相应要求后才能领取学位证。更有个别学校不仅规定论文发表的

---

① 李宇明老师在《泛舟学海，科研乃桨》一文中指出：国学传统主张“述而不作”，要人们成了“书袋子”之后再去十年磨一剑。窃以为此种传统最不利于迅速提高科研能力。科研能力的培养靠的是大量的科研实践，而不是纸上谈兵。对于文科研究生来说，就是要不断地写、写、写。

数量，对论文发表的质量（期刊档次）也有要求。

（2）未来求职的要求：如果能在攻读学位期间发表若干篇学术论文，则会在越来越激烈的求职市场抢得先机，有望进入水平较高的高校或科研机构，从而为自己未来的学术生涯奠定良好的基础；否则，就只能进入二、三流高校甚至有找不到“饭碗”之虞。不仅在求职阶段，入职之后论文发表也是必需的，刘海涛教授更是坦言：“科研人员没有论著发表，职业生涯将难以为继。”[①] 如今年轻教师进入大学之后，三年不发文章连饭碗都成问题，已成为不争的事实。

（3）学术训练的必经阶段：论文写作也类似于“十月怀胎，一朝分娩”。只思考不撰写的结果就是未能形成“胎儿”，无法将自己的学术成果物化成文字[②]。实际上撰写的过程是梳理思路、理顺逻辑的过程，对研究者而言不可或缺。而论文发表的过程则相当于“分娩”的过程，只撰写不发表就无法实现科研成果的“交换价值”。敝帚自珍的结果是无法融入国内外学界，不能使自己的科研成果得到学界的认可。在投稿与修改的过程中会收获专业编辑和审稿专家的审稿意见，这也是接受导师之外学术同行学术意见的良好途径，不可忽视。简言之，“科学研究的过程同时也是科学信息积累与交流的过程”[③]

（4）学术养成的客观原理：从一个科研生手到成熟科研工作者的过程是漫长的，需要经过多年的学术训练。早发论文、多发论文符合学术养成的一般原理：①学术在于交流：早

---

① 根据刘海涛老师2009年9月29日在中国传媒大学的讲座“如何写论文”。

② “论而不文”的现象是普遍存在的，参看“师生共话：研究生论文写作时间管理——兼谈‘论而不文’现象”，载《语言学研究》第四辑，北京大学出版社，2006年。

③ 根据刘海涛老师2009年9月29日在中国传媒大学的讲座“如何写论文”。

发论文的意义在于可以尽早与学界交流，发现自己研究的缺点与不足，及时完善改进。同时，学术水平也逐步提高，任何人都不可能一开始就撰写发表高水平的论文。早发论文可以尽早开启自己的学术之旅，并从论文发表中得到激励和鼓舞。②勤能补拙，熟能生巧：极少有研究者在一开始就能找准研究方向、选好研究方法，研究的过程通常是一个试错的过程。只有多写草稿，勤加练笔，才可以使大脑越来越灵活。否则，若长期不下笔，真写起来就会备感生疏①。③有数量才有质量：这是中国传统的说法，前述西方的相关研究也已经证实了这一点。多发论文可以引发研究者与编辑部的良性互动，会在投稿、修改过程中不断提高论文质量，完善自身科研水平。

由此引发出来的一个更深层次的问题是“读（阅读文献）与写（发表论文）”之间的关系，我们认为：要以写带读，以读助写。对于科学工作者来说，读是手段，写是目的，读书是为了写书。更何况书是读不完的，如果不发表论文，那就等于未对人类知识宝库做出贡献，也就失去了攻读学位的初衷。

因此，早发论文与多发论文不仅仅是国内高校对研究生的硬性要求，同时也是科研工作者成长的必经之路。

1.6　全书的结构安排

本书主要面向语言学专业的研究生，包括汉语国际教育、汉语言文字学和语言学及应用语言学等专业的研究生。由于写作流程与原理是相同的，因此也适用于国际贸易、旅游管理等

---

① 李宇明老师也曾多次劝诫弟子勤练笔，并书赠“览书宜广，洗墨当勤”条幅予笔者。

其他专业的研究生。除绪论部分之外，全书共分三部分：基础部分、写作部分、修改部分。

（1）基础部分：主要介绍研究者应具备的基本素质（第二章）和论文写作图式（第三章）。

（2）写作部分：是本书的主体，将按照写作流程依次阐述，分别为确定选题（第四章）、综述文献（第五章）、寻找创新点（第六章）、撰写初稿（第七章、第八章和第九章）

（3）修改部分：主要介绍初稿成文之后如何修改润色（第十章）。

第二章

研究者的基本素质

研究者需要具备的基本素质很多，本章主要论述与论文写作相关的、作为论文作者的研究者所应具备的基本素质。下面主要介绍研究者应具备的意识、知识和能力。

意识包括批判意识、问题意识、理论意识、创新意识和下笔意识。知识包括专业知识、逻辑知识和写作知识。能力包括科学研究能力、文献检索能力、文字表达能力和计算机操作能力。

2.1 研究者应具备的意识

无论是治学还是写作，研究者都需要具备多种意识，如批判意识、问题意识、理论意识、学科意识、主线意识、创新意识和规范意识，此外还有下笔意识和速度意识等。限于篇幅，本节择要阐述与论文写作相关的批评意识、问题意识、创新意识、理论意识和下笔意识。当然这几种意识是紧密相连、密不可分的，只不过为了说明的方便而分别论述而已。

2.1.1 批判意识

无论是治学还是写作研究者都应具备批判意识，这是研究者应具备的首要意识。所谓批判意识是指对已有的结论、对权威的学说（包括对老师的说法）永远要有一种批判的精神。要把论文作好需要有很多方面的基础，最重要的莫过于批判性思维①。批判性思维又称为“审辨式思维”，是治学和写作都不可或缺的。要写出合格的论文首先就要找出前人研究的缺陷与不足（即前人研究中的 gap），这也是文献综述的重要内容，这就需要在研读前人文献时带着批判的眼光去读，只有具备批判性思维才能发现前人在研究对象、研究材料、研究方法、研究角度以及研究结论方面的缺陷与不足。显然，不具备批判意识，研究就无法开展，论文就无从下笔。

① 引自李宇明老师 2015 年 9 月 5 日年在聚贤聊斋语学论坛上的讲话，他指出：研究者应具备批判意识、创新意识和不满足意识这三种意识。

2.1.2 问题意识

不少研究生在写论文时缺乏问题意识，经常写到最后结论部分时也未阐明自己究竟要解决什么问题。因此，写作时具备问题意识很重要。写论文的目的是解决问题，我的老师崔希亮教授（2011）认为无论在对外汉语教学、国际汉语教育，还是语言学研究中，都应该从问题出发，以问题驱动我们的研究——问题驱动的研究才有生命力。问题从哪儿来？第一，问题从语言社会生活中来。如台湾经常有人讲话后说“谢谢聆听”，大陆人听了就不自在，这属于语言社会生活中最常见的问题。第二，问题从教学实践中来。如一个留学生说“我很瘦，是因为我妈妈没有牛奶，我是喝母牛的牛奶长大的”，这是日常教学中出现的问题。第三，问题从他人的研究中来，比如说大家都在研究“王冕七岁上死了父亲”[①]。但问题意识不是天生的。有人没有问题意识，常常把留学生的问题当作笑话，听完就完了；有问题意识的人听了之后就觉得这里面有“意思”，有问题。因此，研究生要有意识地加强自己的问题意识。

2.1.3 理论意识

理论意识与问题意识密不可分，在问题优先还是理论优先的认识上大家的观点并不一致。相比较之下，外语学界的理论意识略强过汉语学界；海派学者的理论意识略胜于京派学者。

---

① 见崔希亮：《从问题到理论还是从理论到问题》，载《汉语国际传播研究》2011年第2辑，该文系崔老师在第九届国际汉语教学学术研讨会开幕式的主题发言。参看本书附录二。

吕叔湘先生曾经用钱与钱串子打比方，说理论就是钱串子，如果要他选择，他宁愿选择钱而不选择钱串子。吕先生的本意其实是在强调语言学研究要求真、务实。就我们当前的语言学研究，特别是在中国这个语境下而言，既要有问题意识也要有理论意识[①]。

为什么特别提倡理论意识？这是因为汉语学界的研究曾因缺乏理论意识而吃过大亏。如动词的“向（价）”最早是由吕叔湘先生发现的，相关论述早于西方，但由于缺乏理论意识而未能将动词的这一特性上升为理论，最后提出配价语法理论的却是国外学者[②]。这不能不令人遗憾！理论从哪里来？一个是从问题中来，一个是从其他的理论衍生出来，所以会问问题和有问题意识非常重要。我们常说“理论联系实际”，“实际”就是问题。在研究时要同时具备理论意识和问题意识，拿钱串子去穿散钱。

所以，作为一个研究者既要具备理论意识又要具备问题意识。反映在写作上就是既要有扎实的语料工作，同时又可以将观点提升到理论高度。这方面的代表作可参看徐赳赳教授的大作《叙述文中“他”的话语分析》，这篇论文既有丰富的语料支撑，又有鲜明的理论意识，堪称这方面的典范[③]。

---

① 见崔希亮：《从问题到理论还是从理论到问题》，载《汉语国际传播研究》2011 年第 2 辑，该文系崔老师在第九届国际汉语教学学术研讨会开幕式的主题发言。参看本书附录二。

② 吴为章先生称之为“中国根”“外国源”；参看吴为章先生《单向动词及其句型》，载《中国语文》1982 年第 5 期。

③ 见徐赳赳：《叙述文中‘他’的话语分析》，《中国语文》1990 年第 5 期。参看本书附录三。

2.1.4 创新意识

创新是论文的精髓，没有创新点，论文也就失去了价值。陆俭明先生（2010）特别强调“科研贵在创新”，因此创新意识也是研究者必备的。何谓创新意识？就是任何时候都要说出新话来，都要讲出新东西。永远不拷贝自己，第一篇文章说过的，第二篇绝不再说。科研与宣传、教材最大的差别就是：宣传就是不断重复说过的话；教材就是永远说那些最保险的话；科研就是要说前人没有说过的话。在写作时时刻想着发前人所未发，这就是创新意识。

在何处创新？人文社科领域的学术创新主要体现在以下几个方面：材料数据新、研究方法新和理论观点新等。但不少作者在治学时批判意识和创新意识不足，综述多于分析，观点多于观察，外来多于本土，结果多于过程。这样出来的论文就显得创新性不足（毛浩然，2012）。

科研就是要少一点附和与综述，多一点批判与创新，少一点“我认为”，多一点“我发现”。创新意识的基础是问题意识，心里一定要明白，我研究的这个选题确实是前人没有解决好的，它的问题到底在什么地方？然后我才需要用一种新的角度或新的理论来解决。不然盲目跟风，很可能“创新”出非常荒唐的理论来。

2.1.5 下笔意识

为什么要特别提及下笔意识？这是因为很多研究生自我期许较高，导致迟迟不能完成学位论文，以至于不得不延期。造成不敢下笔的原因主要是对相关问题认识不清，未能充分意识到“完成比完美重要”：

（1）硕士与博士是一个训练的过程，学位论文不是写经典之作的过程。台湾院士王汎森教授曾谈到他在普林斯顿大学念书的时候遇到一位非常博学的旧书店老板，因为打算把博士论文写成一本经典而最终也没有完成。这使他悟到学位论文一定不要刻意强求，应该清楚知道从哪里开始，也要知道从哪里放手，不要无限地追下去。北京大学外国语学院的刘意青教授也指出：博士就是教育中的一个部分，一种学术训练，对自己论文的定位不要太高，否则在规定时间内就难以完成学位论文。攻读博士学位只能说进入了一个领域并对该领域有了相当的了解，找到了一个立足点，说出了一些自己的看法。不一定要有什么理论框架，不一定要把论文做成什么样子，把别人吓一跳。否则，你就会永远在那里阅读别人的东西，自己却无法下笔①。

（2）参考文献是永远读不完的，读书与写作是一个互动的过程。要充分意识到无法穷尽所有文献，论文是一个边读书边写作边修改的互动过程，想在下笔之前读完所有的文献是不可能的。看到一定时候必须动笔，有一点想法就要开始写，在写的过程中逐渐深化思想。而且有些过程只有在写作想法中才会冒出来，这时再去进一步补充文献，再思考，论文就逐步深入了。简言之，论文是“写”出来的，所以一定要“写”，不要等。不要以为等想法成熟了才能开始写，事实是只有开始下笔，想法才会逐步完善成熟。

上述意见虽然谈的是博士研究生训练，但同样适用于硕士

---

① 参看《师生共话：研究生论文写作时间管理——兼谈‘论而不文’现象》，载《语言学研究》第四辑，北京大学出版社，2006年。

研究生。总之，坐而言不如起而行，研究生要有勇于写作、先有后好的下笔意识。

2.2 研究者应具备的知识

要把论文写好需要研究者具备很多方面的知识，主要包括：扎实的专业知识、相关的逻辑知识和基本的写作知识等。

2.2.1 扎实的专业知识

专业知识是从事论文写作必备的科学基础。换言之，写什么必须懂什么，论文本身就是科研成果的物化。对于研究生而言，应该说已经掌握了本专业的基础理论和专业知识，但要写好学术论文，光有这些知识还是不够的。随着当今社会科学技术的迅猛发展，知识的更新速度也很快。这里的掌握专业知识应包括三层意思：

（1）具有相应专业的基础知识。这是专业知识面的意思，即要求作者有本领域广博的专业基础知识。

（2）具备所写内容的专业知识。这是专业知识的深度之意，即要求作者对研究和写作的某一方面具有渊深的知识，对所写内容或学科的来龙去脉、研究进展、热点难点，以及哪些问题已经解决、哪些问题还存在争论及学科发展方向和趋势等都有深入了解。

（3）熟悉相关的专业知识。要求作者掌握或了解除本专业之外的其他知识，尤其是相关学科、研究方法等方面的知识。

2.2.2 相关的逻辑知识

学术论文写作需要研究者掌握基本的逻辑知识。逻辑学的内容很多，下面简要介绍与论文写作相关的部分知识（何向东，2010）：

（1）归纳与演绎：所谓归纳就是从个别事实中概括出一般性的结论和原理。归纳的结论必须建立在大量个别事实的基础上，事实不可靠或不充足都不可能通过归纳的方法而得出一般性的结论或原理。所谓演绎则是从一般性原理或概念中推出个别的结论。演绎大方法是逻辑证明的重要工具，人们可根据确实可靠的命题作为前提，经过演绎或推理来证明或反驳某一个命题。演绎的主要形式是三段论，即从大前提、小前提之中推出结论来，其结论是否正确取决于前提是否正确，以及推理的形式是否合乎逻辑规则。

比如，"人总是要死的，苏格拉底是人，所以苏格拉底会死"。这一论断是典型的三段式推理，其中大前提是"人总是要死的"，若此前提不对，则最终的结论也不会正确。其实，演绎法与经验事实本身并无关联。因此，它无法证明理论前提正确与否，所以单靠归纳法或者演绎法都不可能给人们提供深刻的科学认识，两者宜结合起来综合运用。一般来说，确立理论前提时以归纳法为主；依据理论前提，从公理或定义出发推演其他经验则以演绎法为主。归纳法和演绎法各有其弱点和局限性：归纳的弱点在于结论，而演绎的弱点则在前提。

（2）分析与综合：所谓分析就是将客观对象的整体分为各个部分、方面、特征和因素而加以认识。分析是认识事物本质的必经过程和必要手段。在分析时，必须注意做到对事物的全面分析、历史分析和具体分析。所谓综合是与分析相反的思维方法，即在分析的基础上，把客观对象的各部分、方面、特性和因素的认识整合起来，以形成对客观对象统一的认识。综合的目的是为了把握事物的有机联系及其规律性。分析与综合是辩证统一的，二者既互相对立又互相统一，只有将两者紧密结合起来，才能形成一个完整、科学的逻辑方法。

（3）正确把握概念：概念是反映对象特征或本质的思维形式。简言之，语词是概念的语言形式，而概念是语词的思想内容。概念的内涵是其所反映对象的特征或本质，外延是概念反映的该事物或该类事物的总和，即概念所确指的对象范围。概念的内涵有深浅之分，外延也有宽窄之分。通常来说，内涵与外延是互相制约的，一方确定后另一方也就确定了。但概念内涵的大小与外延的宽窄成反比关系，如“人”“军人”“勇敢的军人”就体现了这一点：“人”的外延最宽；“勇敢的军人”的外延最窄，但内涵却最深。

在写作过程中，我们要注意对论文中的概念有一个明确的限定，而且要保持前后的一致性。目前论文写作中一个最常见的错误就是概念模糊含混，因此有必要在论文之初就界定概念。界定概念就是要明确概念的内涵和外延，即给概念下定义。

（4）形式逻辑的基本原则：为了保证结论的正确性，在逻辑思维的过程中就必须遵循形式逻辑的基本法则，主要包括：

①同一律：即在同一逻辑思维过程中，同一概念或同一个思想对象必须保持前后同一性，即保持确定性。不能混淆概念或偷换概念，离题或偷换论题。

②不矛盾律：在同一逻辑思维过程中，两个相反或矛盾的判断不能同时为真，其中至少有一个是假的。若出现二者均为真就会出现自相矛盾或逻辑矛盾的情况。

③排中律：在同一逻辑思维过程中，两个互相矛盾的判断必有一个是真的。因此必须肯定其中的一个，否则就会陷入模棱两不可的逻辑错误。排中律与不矛盾律的主要区别在于：违反了不矛盾律要求的逻辑错误是“自相矛盾”，而违反了排中律要求的错误是“模棱两不可”。

④理由充足律：在同一逻辑思维过程中，对任何一个真实的判断都必须进行必要的论证，提出充分的论据来支持该判断。

2.2.3 基本的写作知识

除了专业知识和逻辑知识之外，研究生还要了解相关的写作知识，这也是本门课的主要任务。学术论文的定义决定了它不同于一般的文章，因此研究生在写论文时要掌握相应的写作理论、写作方法和论文规范。尤其是论文写作规范，需要注意不同学科领域的要求是不同的；同一学科内中国规范与国际规范也是不同的。此外，国内不同专业期刊对期刊论文的规范也有不同的要求，不同高校对学位论文的规范要求也不一样。研究生应注意按照要求遵循特定的格式来写作。

2.3 研究者应具备的能力

作为论文作者的研究者应具备的核心能力当然是科研能力，除此之外与写作相关的能力包括文献检索能力、文字表达能力和计算机操作能力等。

2.3.1 科学研究能力

研究生最重要的能力当然是科研能力，这也是研究生阶段重点培养的能力。科学研究能力主要表现为三个方面：(1) 发现有价值课题的敏锐眼光；(2) 围绕课题搜集研究素材的本领；(3) 从素材中找出规律并写作成文的能力[①]。写作的过程就是研究的过程。对研究能力的阐释以及如何培养科研能力都是很大的题目，非三言两语可以阐明。此处主要强调发现问题的能力，也是对前文问题意识的进一步补充。

(1) 发现问题比分析问题和解决问题的能力更重要。对笔者而言，这一观点最早是由马真先生提出的[②]。马先生一再强调，以往对研究能力的看法是指分析问题、解决问题的能力，其实首先需要有发现问题的能力。她认为，发现问题的能力比分析解决问题的能力更重要——“发现问题”是科学研究的起点，也是我们在科学研究上能获得成果的起点，而且也

① 李宇明老师在《泛海学舟　科研乃桨》一文中指出：研究生仍是打基础的时期，这个基础就是科研能力，而不是看读了多少书，增加了多少实际的知识。这是与大学学习最大的不同点。参看本书附录一。

② 据陆先生 2017 年 9 月给笔者的邮件：关于说到研究能力，首先要有发现问题的能力，发现问题是科学研究的起点，这一观点最早是马老师在 1997 年 12 月 5 日应邀在日本大阪帝冢山学院大学所做的题为“勤奋、求实——求学、治学之本”的演讲中谈到的。此演讲内容后来发表在该校 1998 年的一个内部刊物上。而后，马老师又先后在 2000 年 1 月 14 日至 2 月 13 日应邀在泰国朱拉隆功大学文学院给研究生集中上课时的第一讲讲课内容里也谈过此观点。后来则更是多次应邀在国内外一些高校的演讲或报告中谈过此观点。2004 年秋季马老师曾应邀在当初你就读的中国传媒大学作过一个题为“勤于思考——研究者的基本素质”的报告，可能也谈到过。总之，强调研究能力首先要有“发现问题的能力”是马老师首先提出的。我觉得马老师此意见合理、可取，所以在我的报告或演讲中，有时也谈到此看法。

可以说是对以往研究成果的补充、扩展、深化。如何培养发现问题的能力？一是注意从书本上去发现问题，这里说的“书本”包括专著和论文。二是注意从实际语言生活中去发现问题（陆俭明，2011a）。

（2）能提出什么样的问题标志着一个人的学术品味。李宇明老师（2015）认为：能提出什么样的问题，标志着一个人的学术品位。我们做文章都是研究问题，能不能提出问题，能提出什么样的问题，都决定了你的学术品位。什么叫学术影响力？就是你能够给别人提出多少问题来或者说能够让别人有多少问号。你对学界植入多少问号，一个人解决了多少问号，解决了什么样的问号，决定了他的学术贡献度。①

2.3.2 文献检索能力

这里的文献检索能力本质是要求研究生具备资料搜集与信息积累能力。就语言学专业的研究生而言，主要是语料搜集与文献检索，这两方面的资料都是需要长期积累的。

（1）材料的搜集与整理。这里的材料指语言材料（语料），是语言学专业论文的主要研究对象。手上拥有语料的多少、类型及质量都会影响到研究者论文的质量。搜集语料的方法很多，下面简要介绍卡片法和语料库的方法。①卡片法：传统的老一代学者主要采用这种方法，是通过将语料抄录在卡片上来积累资料的，不但易于保存，也便于分门别类和具体分析。如吴为章先生在研究动词配价时就亲手制作了40000多张卡片，其代表作《单向动词及其句型》就是从上万张卡片中

① 根据李宇明老师2015年9月5日在聚贤聊斋语学论坛上的讲话。

筛选出来的。这一方法目前似乎过时，但仍不可替代[①]。②语料库的方法：语料库语言学的兴起给语料搜集提供了新的、更为便捷的途径。目前使用较广的汉语语料库有北京大学的“CCL 语料库”、北京语言大学的“HSK 动态作文语料库”和“BCC 语料库”。这三个语料库都是免费的，不但便于检索而且易于统计，因而使用广泛。后文将详细介绍语料库的建设方法。

（2）资料的搜集与整理。这里的资料指文献资料。除了传统的图书馆卡片检索图书资料之外，现在更多地采用计算机联网检索（李桂祥，2008；肖强，2008；程宏利，2014）。①常用的文献检索工具包括：

A. 中国知网（http：//www. cnki. net/）的 CNKI 学术搜索：旨在为国内外学者提供一个跨语种、跨文献类型、权威的内容发现平台，包括各类学术文献，如期刊、学位论文、会议论文、报纸、专利、标准、图书等。一般在校内图书馆有文献资源去 CNKI 下载是免费的。B. 万方数据：与 CNKI 类似，论文也比较全，很多要收费，如果自己学校的图书馆购买了此数据库，也可以免费下载。C. 谷歌学术（http：//scholar. google. com）：可方便地搜索各种资源，查找报告、摘要及引用内容，通过图书馆或在 Web 上查找完整的论文，了解任何科研领域的重要论文。功能强大，可以显示引用数量，让使用者轻松了解所检索的论文的分量。此外还有国家哲学社会科学文献中心（http：//www. ncpssd. org）等资源可用。

---

① 笔者曾当面建议吴为章老师改用计算机检索统计语料，但吴老师认为具体语料分析是计算机所无法无替代的，还是用卡片更为方便。后文将详细介绍这一方法。

②常用的文献管理工具：目前有很多，包括 A. 文献管理软件 Endnote：其界面简洁，可在 word 文档中直接使用；支持国际期刊的参考文献格式有 3776 种，写作模板几百种，涵盖各个领域的杂志，可自动编辑参考文献的格式。B. NoteExpress：国内主流的文献管理软件，其核心功能是帮助读者高效利用文献；收集并管理得到的文献数据和全文；在撰写论文、专著或报告时按照不同的格式要求，在指定位置自动添加文中引文和文末参考文献列表。同时支持 Word 和 WPS 两种写作软件，可查询近五年期刊影响因子。此外，还有印象笔记和有道笔记等多终端文献整理软件可用。

2.3.3 文字表达能力

当前研究生论文在文字表达方面存在三方面的问题：

（1）行文啰唆，语言不精炼：学术论文在语言方面常犯的一个错误就是行文啰唆，语言不够简洁有力。解决该问题的办法就是多读古文，李宇明老师曾说“现代汉语要想写好，古文必须要好。”因此，研究生有必要背诵一些古代的名家名篇，如《古文观止》中的部分篇目。

（2）大白话多，非学术语言：学术论文应注意使用学术语言，不少研究生颇有文采，表现在论文中也喜欢使用带有浓厚文学色彩的语句，使人读起来觉得不伦不类。还有的研究生语言过于俗白，虽简单易懂，但不符合论文要求。这两类情况都是要力避的，解决办法就是多读专业文献，多模仿经典文献的遣词造句。

（3）错别字多，语句不通顺：这是研究生学位论文中常出现的大问题，几乎每年在论文答辩会上都有专家提出类似的诘问。这反映出治学不严谨，态度不认真，是学风方面的根本问题。解决办法有二：一是大声朗读，找出文中语句不通顺之处；二是把论文底稿打印出来请同专业的同学帮忙校对，以确保行文措辞无误。

论文的语言文字表达问题非小事，李宇明老师曾多次强调："要把每句话都放稳！"

2.3.4 计算机操作能力

目前的论文写作几乎都是在计算机上进行，传统的纸笔爬格子写作已经成为历史，因此要求研究生必须具备一定的计算机操作能力。除了前面提到的语料和文献检索能力之外，主要是要熟悉文字录入和编辑软件的操作。现在不但是专业期刊已经基本上实现了在线投稿，就是学位论文评审也有越来越多的评审专家要求同时发送论文电子版。因此，研究生要掌握包括文字录入、图表编辑和文档排版等相关的计算机操作技能。

第三章

论文写作图式概论

人的行为总要遵循一定的行为图式，写作行为也有自己的行为图式，研究生攻读学位的过程就是学习论文写作行为图式的过程。此外，任何文本都有自己的图式结构，学术论文也不例外，这种学术论文的文本图式结构就是论文格式与学术规范。论文写作课的主要任务就是传授论文写作的行为图式和文本图式。

本章首先概述现代图式理论，包括图式的定义、分类和特点；然后介绍论文写作的行为图式；最后介绍学术论文的文本图式，包括单篇论文的图式结构和学位论文的图式结构。

3.1 图式的定义、分类与特点

3.1.1 图式的定义

图式（Schema），又称“框架”或“脚本”，是人脑中已有的知识经验的网络。不同学者对此有不同的定义。曼德尔、弗里德里克和罗恩把图式定义为在记忆中表征一般知识的认知结构。在皮亚杰认知发展理论中，图式是指一个有组织、可重复的行为模式或心理结构。

笔者比较认同皮亚杰的观点，认为图式就是在特定文化背景或学科背景下人们的高频行为模式或文本模式。该模式是由多个有先后顺序的环节构成的结构，可以被激活，也可以被更新。

3.1.2 图式的分类

（1）心理学上的分类：心理学上将图式分为很多种类，包括个人图式、自我图式、团体图式、角色图式、事件图式和脚本（欧晓霞，2007；张旭东，2008；张丽萍、王运彩，2011）。

①个人图式（Person schemas）：指人们对某一个特殊个体的认知结构，如对毛泽东主席就有一个个人图式，其图式内容包括有自信、有智慧、有勇气和百折不挠等。

②自我图式（Self-schema）：指人们对自身所形成的认知结构，它与自我概念有着紧密的联系。如你对自己的认知可能是觉得自己聪明、善良、开朗以及乐于助人，这些都是你的自

我图式的内容。

③团体图式：是指人们对某个特殊团体的认知结构，又称为团体刻板印象（Stereotype）。团体图式归纳概括了某个特殊团体所有成员共有的某些特质。如我们常根据刻板印象认为东北人豪爽、大度、外向、开朗；认为山东人诚实、善良，有豪侠之气。

④角色图式（Role schema）：指人们对某些特殊角色者（如大学教授）所具有的有组织的认知结构，如人们常认为大学教授是知识渊博、鹤发童颜的等。

⑤事件图式（Event schema）：指人们对社会情境中会出现情况的一般预期的认知表征，是对社会事件的心理分类。如有问路图式、用餐图式、看病图式、换钱图式、住店图式等。

⑥脚本（Script）：指人们对事件或事件的系列顺序的图式，尤其是指一段时间内一系列有标准过程的行为。比如人们到餐厅就餐的事件就符合一个脚本，什么时候点菜，什么时候买单，就是一个脚本。

（2）本书的分类。笔者将图式大致分为两类：行为图式和文本图式①。

①行为图式：相当于上述的事件图式和脚本，是指一个行为在某种特定文化背景下所秉持的标准过程，如到医院看病的

① 其实口语中的一段话也有图式，如我们常说的“话套子”就是一种独白口语语篇图式。

标准流程就是看病行为图式[①]，包括挂号—分诊—问诊—处治等多个环节。

②文本图式：指某种特定文本的标准格式结构，如新闻报道就有其特定的“倒金字塔结构”，这就是文本图式中的一种——消息图式。消息的常用图式有两个：“新闻事件+新闻背景”和“新闻事件+新闻评析”[②]。

3.1.3 图式的特点

（1）心理学界的观点：心理学界一般认为图式包括以下几个特点：

①图式一旦形成，具有相当的稳定性。

②图式决定着人做信息选择时相应的内容和倾向偏好。

③可引起新信息的加工。在原来图式的基础上，新的内容会被添加更新，形成新的认识。

④可以预测事件的发展。

⑤可激发性。图式一旦被启动，就会像程序一样被严格执行下去。

（2）我们的观点：通过研究汉语常用交际图式和新闻语篇的图式结构，认为除了上述几个特点之外，图式还包括以下几个特点：

---

① 截至目前笔者已经指导汉语国际教育硕士研究生考察了中华文化背景下的多个常用交际行为图式：问路图式（李玉，2011）、换钱图式（袁瑾，2012）、外出就餐图式（王银凤，2012）、做客图式（杨佳宁，2012）、看病图式（张可嘉，2013）、订票图式（王霞，2013）、邮寄图式（王璐，2014）、住店图式（孙香凝，2014）和购物图式（张英，2015）等。

② 参看拙著：《现代汉语新闻语篇的结构研究》，世界图书出版公司，2008年8月。

①图式是由多个环节构成的，各环节之间有特定的顺序。这些环节又被称为“槽道（Slot）”，当这些槽道赋值为 1 时即有此环节，当槽道赋值为 0 时即无此环节。根据出现的频率，有些环节在图式中是必须要出现的就属于必有环节；有些环节可有可无，则属于非必有环节。

②图式有总图式和变化图式。总图式是指所有环节全部都出现时的图式，变化图式（变式）是指不同条件下部分环节出现时构成的图式。变式中出现频率最高的图式被称为常用图式（常式），也就是狭义上的图式结构。

③不同文化背景下的图式不同：无论是行为图式还是文本图式都存在这个问题，如行为图式中的就餐图式，由于中外饮食文化的差异，图式中的各个环节的顺序明显不同；而文本图式中中外学界对论文结构的要求也有明显的差异。

3.2 论文写作行为图式

无论是文学创作还是论文写作背后都有行为图式，只不过文学创作的个人风格较明显，其行为图式带有明显的个体痕迹；而学术写作的规范要求较高，某个特定学科或研究领域的研究范式规定性较强。

3.2.1 文学创作图式概说

下面举例说明著名作家刘绍棠的小说创作图式，说明即使是作家个人的文学创作也存在图式结构，并阐述文学创作行为图式给论文写作行为图式带来的启发。

（1）小说创作图式举例：郑恩波在《大运河之子刘绍棠》

一书中曾介绍著名作家刘绍棠的小说创作过程：刘绍棠创作每篇小说要经过三道工序。第一道是在废纸后面飞快地划拉成一片片蝇头小字，形成每个人物的“胚胎”。第二道是将写好的文字抄在干净的白纸上，逐字逐句地修改、润色，把形体、面容已就的人物连成一体，剪辑成有头有尾的故事，使其成为健美丰满、有鼻有眼的成品小说。第三道才是让定稿文字整整齐齐地住进方格里。

而且刘绍棠往往不是按照故事情节的顺序从头至尾地写，而是从最能展示人物性格或命运的文眼写起，然后再加工剪辑。这种写作方法，如果是趁热打铁，会有很好的效果。据说刘绍棠只要有两个人物，就可以边想边写成小说。由人物生发故事，在故事中创造人物。这是一种小说家的本领①。

（2）文学创作图式给论文写作图式的启示：刘绍棠的文学创作图式的启示是：

①文学创作图式也有环节和顺序：从上述三道创作工序大致可以推断出刘绍棠小说创作的环节与顺序：先创作出主要人物的胚胎→再由主要人物生发出故事→最后完善修改后形成完整的小说。

②行为图式与文本图式有联系但又不同：小说本身当然有其文本图式，但从上例可以看出小说的文本图式与小说创作的行为图式这二者是不同的。尽管两者之间有联系，但不可混为一谈。这一认识对论文写作也完全适用：论文写作的行为图式与学术论文的文本图式有联系，但并不是一回事。

① 参见郑恩波：《大运河之子刘绍棠》，社会科学文献出版社，1991 年。

3.2.2 常用论文写作图式

论文写作图式本质上是一种行为图式。下面首先阐述治学与写作之间的关系；然后简要介绍常用的论文写作图式。

3.2.2.1 治学与写作的关系

其实论文写作的过程本身也就是治学的过程，研究行为与写作行为是互为表里、密不可分的。不管何种专业，总体治学研究图式大致包括：基础学习（专业知识学习+研究方法学习）—论文写作（选题+开题+初稿+定稿）—论文答辩（预答辩+答辩）三个阶段和环节。由此可见，论文写作只是其中的一个大的环节，写作图式也就是治学图式的一个下位子图式。

3.2.2.2 单篇论文的写作图式

单篇学术论文的图式大致需要经历七个环节，可戏称为“七步登天（Seven steps to heaven）”，主要包括[①]：

（1）研究并撰写（Research and writing）；

（2）呈现你的工作（Presenting your work）；

（3）选定目标期刊（Targeting a journal）；

（4）准备提交稿件（Preparing for submission）；

（5）评审过程（The reviewing process）；

（6）接受（Acceptance）/拒稿（Rejection）；

（7）校稿与版权（Proofs and copyright）。

如果第（6）步被拒稿，则还需要重返第（3）步，再次

① 这是刘海涛老师 2009 年 9 月 29 日在中国传媒大学学术讲座“如何写论文”中讲到的。

选择目标期刊，再次投出稿件。详情参看图 1：

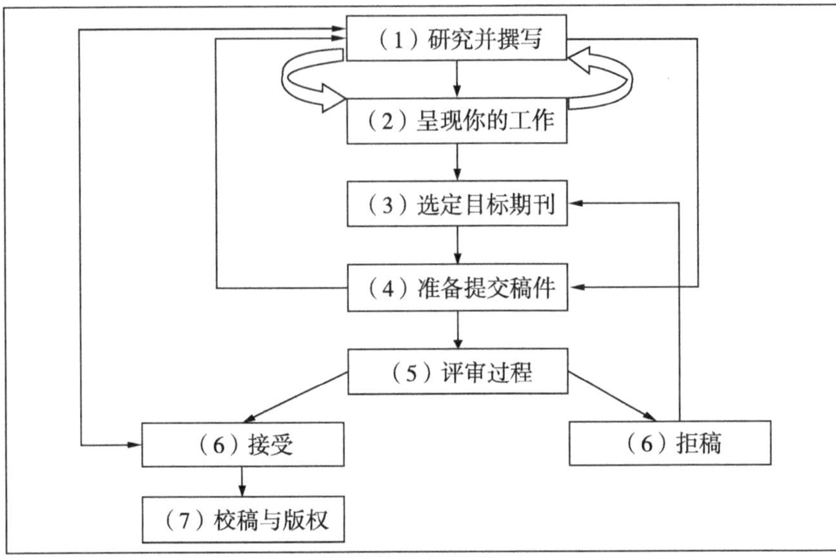

图 1　单篇学术论文的写作图式

3.2.2.3　学位论文的写作图式

学位论文的写作行为图式主要包括五个环节，即五个基本步骤：确定选题—综述文献—找创新点—撰写初稿—修改定稿。这五个环节大致可分为以下四个阶段：

（1）选题阶段：选定大致方向、写出踏查报告、敲定论文题目；

（2）准备阶段：搜集分析材料、综述前人文献、寻找创新之处；

（3）写作阶段：设计总体框架、选定研究方法、撰写论文初稿；

（4）修改阶段：完善论文内容、修改不足之处、规范全文格式。

当然上述几个环节只是一个大致的流程，中间其实互有交叉。严格来说，学术论文写作并不是从提笔写作或在电脑上打字开始的。其实在下笔之前就已经开始了，前述的这些步骤均属于论文写作的必要环节，一定程度上比实际下笔还要重要。成熟的研究者或许都有体会，要完成一篇较大的论文，准备时间少则数月多则数年，而一旦真正准备好了，下笔写作的时间却并不算太长。

3.2.3 图式各环节的顺序安排

3.2.3.1 行为图式本身各环节的顺序并非线性的

需要说明的是，写作过程中的各个环节与步骤不是线性的，而是一个互相作用、逐步聚拢的过程，参见图 2：

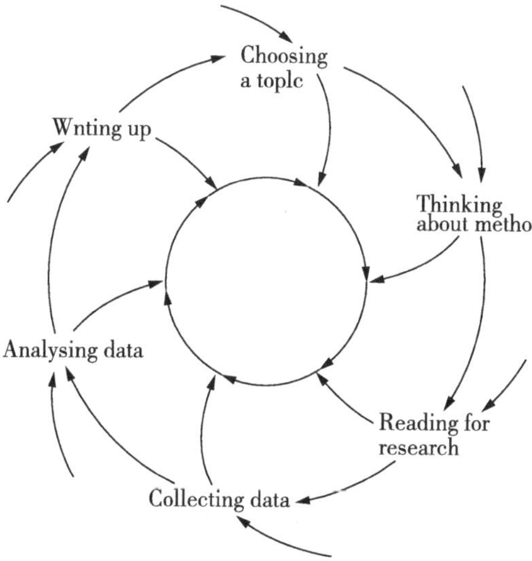

图 2　写作各环节步骤顺序图

3.2.3.1 行为图式各环节的顺序不等于文本图式各部分的顺序

简言之，“写作顺序≠结构顺序”。上面小说创作的例子中也说得很清楚，刘绍棠并不是按照故事情节的顺序从头至尾来写作的，单从呈现在读者面前的作品看不出来作家的创作过程。同理，单从论文本身也无法得知研究者的研究过程，所以开设一门论文写作课来指导写作过程是有必要的①。

刘海涛教授也明确指出“写作顺序≠结构顺序”，并给出了写作顺序的建议②：

（1）准备图表（Prepare the figures and tables）

（2）撰写研究方法（Write the methods）

（3）撰写结果（Write up the Results）

（4）撰写讨论（Write the Discussion）

（5）撰写一个清楚的结论（Write a clear Conclusion）

（6）撰写一个吸引人的引言（Write a compelling Introduction）

（7）撰写摘要（Write the Abstract）

（8）拟一个简明的描述性标题（Compose a concise and descriptive title）

（9）为检索选定关键词（Select key words for indexing）

（10）撰写致谢辞（Write the Acknowledgements）

（11）撰写参考文献（Write up the References）

---

① 李宇明老师也曾谈到“学问没有自学成才的”。

② 这是刘老师 2016 年 1 月 27 日在商务印书馆的讲座“论文那些事”中特别强调的，撰写顺序引自：www.elsevier.com/connect/11-steps-to-structureing-a-science-paper-editors-will-take-seriously.

3.3 学术论文文本图式

对学术论文的要求自古以来就有，从结构上来说现代汉语学术论文的格式与古代八股文的格式之间有其内部的对应关系。下面先阐述学术论文与八股文结构之间的关系，然后分别介绍单篇学术论文与学位论文的图式结构。

3.3.1 学术论文与八股文的结构

中国古代科举考试曾广泛采用八股文的形式，这是一种命题作文，题目主要就四书五经取题，内容限于对四书五经的剖析，而形式上有严格的八股限制，字数也有一定的限制。这八股分别为：破题、承题、起讲、入手、起股、中股、后股和束股这八个部分，而起股、中股、后股和束股又各由两股组成，因此俗称“八股文”。

下面简要介绍上述八个部分的要求。开始先揭示题旨，为“破题”。接着承上文而加以阐发，叫“承题”。然后开始议论，称“起讲”。再后为“入手”，作为起讲后引出正文的突破口。以下再分“起股”“中股”“后股”和“束股”四个段落，而每个段落中，都有两股排比对偶的文字，合共八股，故称八股文。其所论内容，都要根据宋代朱熹《四书集注》等书“代圣人立说”，即行文必须用古人的语气，代圣人立言，绝对不允许自由发挥。学术论文的结构尽管与八股文不尽相同，但大致可以找出八股文结构与科技论文结构的对应关系[①]：

① 参看戴世强：《戴世强科技博文精选：与青年朋友谈科研与学习方略》，上海大学出版社，2011 年 1 月。

破题——题目：充分凝练；

承题——摘要：点明概要；

起讲——引言：提纲挈领；

入手——提法：概述问题；

起股——预备：准备条件；

中股——过程：阐述步骤；

后股——分析：阐明成果；

束股——结论：总结展望。

由此可见，现代的学术论文与中国古代八股文的结构内部有一定的联系。八股文尽管大大禁锢了当时学子的思想，但八股文本身作为世界上最早的标准化考试形式却有利于评判试卷，方便人才的遴选。同理，学术论文有严格的图式结构规定，也可以不受作者水平高低的影响，便于学界同仁阅读借鉴，从而节省了时间。研究生在论文写作过程中不妨借鉴八股文的图式结构，熟练掌握起、承、转、合的写作技巧，有助于研究者规范呈现自己的研究成果。

3.3.2 单篇论文的图式结构

中国国内的单篇学术论文的结构与学位论文的总体结构相同，将在下一节一并介绍。下面简要介绍国际期刊规范中的单篇学术论文图式结构。

学术论文的国际规范可简称为“AIMRDC 模式”，参看图 3①：

“AIMRDC 模式”是把各部分的首字母抽取而成，具体是：

① 引自刘海涛老师 2016 年 1 月 27 日商务印书馆的讲座“论文那些事儿”。

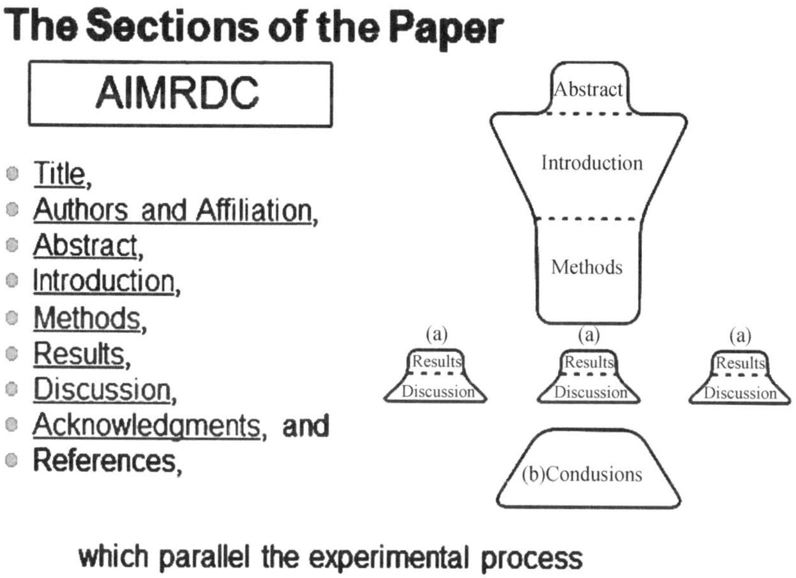

图 3　国际规范下的论文图式结构

（1） Abstract：摘要；

（2） Introduction：引言；

（3） Methods：研究方法；

（4） Results：研究结果；

（5） Discussion：讨论；

（6） Acknowledgments：致谢；

（7） References：参考文献。

论文的各部分与实验过程是平行对当的，参看表 1：

表 1　论文结构与实验过程对应表

Experimental process	Section of Paper
概述我所做的工作？（What did I do in a nutshell）	Abstract
我研究的问题是什么？（What is the problem）	Introduction

续表

Experimental process	Section of Paper
我是如何解决问题的？（How did I solve the problem）	Materials and Methods
我发现了什么结果？（What did I find out）	Results
这些结果意味着什么？（What does it mean）	Discussion
谁帮助了我？（Who helped me out）	Acknowledgments（optional）
我参考了哪些文献？（Whose work did I refer to ）	References
额外的信息 （Extra Information）	Appendices（optional）

由此可见，国际期刊对学术论文的要求与国内不同，国内单篇论文的范例参见书后的附录。随着国内语言学研究国际化进程的加快，本书有必要介绍一下语言学论文的国际规范。

3.3.3 学位论文的图式结构

国内文科学位论文的一般结构包括：题目、摘要（中文/英文）、目录、绪论、文献综述、主体正文、全文总结、参考文献和致谢，有时还有附录。参见图 4：

文科学位论文的一般结构

1. 题目
2. 摘要（中文/英文）
3. 目录
4. 绪论：研究的对象、目标、方法、意义等
5. 文献综述：国内外研究现状
6. 正文：主要观点
7. 全文总结与下一步要做的工作
8. 参考文献
9. 致谢
10. 附录

图 4 文科学位论文的一般结构

学术论文的文本图式结构与学位论文基本相同，大致也分为四部分：引言部分（绪论）、综述部分（文献综述）、主体部分（正文）和结论部分（全文总结与下一步要做的工作）。

3.3.4 论文三要素："一个中心，两个基本点"

无论是单篇论文还是学位论文，都有三个核心要素，我们称之为"一个中心，两个基本点"："一个中心"就是指论文所要研究的问题；"两个基本点"是指论题所需的研究材料和文献资料。就语言学论文而言，首先要确定所研究的问题（确定选题），然后要做的工作就是搜集、分析语料和搜集、评述文献（综述材料），最终找到论文的创新点（找创新点）。这就是下面三章的内容：确定选题、综述材料和找创新点。

第四章

确定选题

本章主要论述论文写作的第一步：确定论文的选题。如第三章所述，确定选题的主要目的是确定论文三要素中的“一个中心”，即所要研究的问题。

下文首先概述论文选题的意义、方式、要求、大小和价值；然后阐述选题的步骤，包括选定大致方向、查阅相关资料、写出踏查报告和敲定具体题目；接着讨论选题的宜与忌；最后说明选题对师生的要求。

4.1 论文选题概述

广义上来说，只要有新观点、新发现、新角度、新方法或新材料，选本专业范围内的任何题目都能写出东西来，但这“五新”大大限制了硕士论文的选题。因为研究生绝大多数是首次写这么长的学术论文，经验不足，同时也比较缺乏扎实的专业基础；同时，学位论文对字数的要求（两三万字）这个条件也大大制约了论文的选题，若选择的题目过大则难以在相对狭小的范围内展开，不容易把问题说清楚。因此，选题得当与否对于论文的成功至关重要。因此，论文选题要非常慎重（陈力丹，2001）。

4.1.1 论文选题的意义

选题是撰写学术论文的第一步，选题的好坏直接关系到学术论文的质量水平。好的选题，是论文写作成功的关键因素。甚至有人说，好的选题是成功的一半。因此，论文选题意义重大。

首先，选题决定着研究生的培养、成果以及最终能达到的水平。其次，选题的过程本身也是一个调研过程；是导师发挥主导作用的过程；是研究生发挥创造激情的过程；也是科学研究的一个环节。最后，选题是否成功决定着科学研究最终能否成功。没有好的选题，即便是洋洋数万言也是无用的废话，不能视为成功的研究。

4.1.2 论文选题的方式

选择论文题目的方式有很多，就学位论文的选题而言，通常有以下三种方式：

4.1.2.1 导师指定题目

此类情况很多。这种情况下，导师通常有比较通盘的考虑，研究生所做的论文是其总体规划的一部分或者一环。大约有两种情况：

（1）导师有自己的科研课题，于是把课题拆分成多个子课题，作为学生的学位论文。这样做的好处是一举两得，既可以顺利完成课题，又便于导师对多个研究生统一指导，团队可以共享资源，有助于形成“雁阵式”合力。

（2）尽管导师手上没有课题，但导师有构建学术体系的宏大愿望，根据学生的自身情况，安排学生们分别做某个体系的某一部分作为学位论文。或者导师对某个问题很感兴趣，有意安排不同年级的学生对某个问题做追踪式研究。

这两种情况下的研究生都是在团队中作战。优点是在团队中选择方向比较容易借力，可互相交流帮助。此外，导师对所研究的方向显然关注多年，有比较成熟的想法，因而学生较容易得到导师的具体指导。不利之处是个人研究兴趣受到限制，为了获得学位，暂时无法介入自己感兴趣的研究方向。

4.1.2.2 研究生自选题目

此类情况也很多，又包括两种情况：

（1）研究生自带的题目：此类研究生通常是有工作经验或在职攻读的研究生。在读研究生自己在工作中对某问题已有深度思考，并且做了前期摸索，因而希望研究生阶段在导师指导下深入研究该问题。如不少入学的汉语国际教育硕士本身是有赴外教学经验的志愿者教师，手上搜集有某方面的第一手数据资料，因此常常自带题目。这种情况下，研究生带来的通常不是某一个研究方向，而是一个具体的题目。如果导师认可，立即就可以进入下一个阶段的工作。

（2）研究生本身并无实践经验，入学前也没有特别感兴趣的研究领域，但是导师要求研究生自选论文题目，以锻炼学生独自发现问题的能力。如北京大学中文系，从不给博士生和硕士生制定学位论文题目，一律要求学生自选题目。如陆俭明先生（2001）在谈到研究生培养时就说“有些学生老希望导师给他研究题目，就文科说，这不能提倡。导师尽量不要为学生出题。”①

4.1.2.3 导师与研究生共同商定题目

这种情况比前两种情况更为常见。通常是导师手上并无现成课题，而学生的科研能力较强，科研热情较高；或者导师比较开明，允许学生自由探索，乐于从旁把关。此时导师就会指定一个或多个相对较大的研究方向供学生选择，研究生可以在此研究领域中具体研究一个小的问题。目前此类情况所占比例较大。

综上，这三种论文选题方式各有利弊：由研究生自己选题有利于锻炼学生研究生毕业之后的自我开题能力②；不足之处

① 参看陆俭明：《博士生培养杂议》，《外语教学与研究》2001 年第 1 期。

② 这方面典型的例子是我的老师吴为章先生：她硕士师从著名语言学家方光焘先生，硕士论文研究的是汉语虚词，毕业后研究的是配价语法和汉语句群，在这两个领域都颇有成就。吴先生亲口告诉我，她的自我开题能力很强，这得益于当年方光焘先生的学术训练。

是，不少研究生限于学养找不到合适的选题，所选题目不当（如过大或过小），难以达到学位论文的要求。由导师指定题目的好处是可以作为某一学术体系中的一部分，可以在团队中较快成长；不足之处是研究生独自发现问题的能力未得到很好的培养。因此，我们比较鼓励的是师生共同协商确定论文题目，这样既可以锻炼学生的自我开题能力，同时也有导师的“保驾护航”，较为稳妥。

4.1.3 论文选题的要求

不管选题大小好坏，要选真命题而不能选伪命题。例如：中世纪时期研究一个针尖上可以站立几个天使、物理学上研究的永动机——都属于伪命题。建议研究生的是：没有充分的调查研究，不能定题；本人的积极性未调动或信心不足，不能定题；导师无一定把握，不能定题。

4.1.3.1 选题的领域

如果把选题当作问号，人生苦短，没有多少能够展开问号的机缘。你想的很多问题，实际上多数是很难解决的。因此，决定展开哪些问号是学术智慧。换言之，你拿什么做选题，你准备解决哪些问题，你决定用你的生命和精力去解决什么问题，体现了一个人的学术智慧。打开问号的最佳领域在哪儿？在哪些领域选题最好？[①]

（1）第一是在学科交叉处，在学科边缘处。交叉学科往往可以出新东西。拙文《试论语言学和传播学在言辞证据研究中的作用》，就是从语言学和传播学的角度来研究法学中的

① 此处的观点引自李宇明老师2015年9月在聚贤聊斋语学论坛上的讲话。

言词证据。法学家搞不明白的问题在语言学或传播学领域有很清晰的界定，如语义学中的“优势理解”[①]。

（2）第二是在社会的重大需求处。面向现实，特别是从社会语言生活中寻找问题，选题要接地气，要解决国家和人类发展中的语言问题，而不是解决自己头脑中想的问题。此类选题有很强的实践价值和现实意义，李宇明老师用“国家关心关心国家的人”强调科学研究也要学以致用。

（3）第三是在未来学术的生长处，也就是学术前沿。汉语本体研究中的词类问题一直是学界研究的热点，如名词与动词的关系问题、副词与名词的搭配问题等。现在又发展到从神经语言学的角度来分析汉语词类的划分问题。

（4）第四是在最能显示你自己的学术能力处。学术论文不是空中楼阁，一定要在自己本科学业的基础之上来选题，要注意扬长补短，可以在治学写作过程中展示自己的长处；而不宜抛开此前所学另起炉灶。要有自己的学术根据地，要“挖井”而不是“挖池塘”——井挖到深处会有活水，池塘再大终究是死水一潭。

为了避免步入误区，不妨经常思考两个简单的问题：“我要研究什么问题？研究这个问题有什么用（现实意义或理论意义）？”

4.1.3.2 选题的要求

成功的研究一定是建立在成功的选题之上的。那么，什么是成功的选题呢？简言之就是选题要有问题意识。

---

① 参看娄开阳：《试论语言学和传播学在言辞证据研究中的作用》，载《证据科学》2007年1-2合期。

（1）目标取向。成功的选题应该具有目标取向，即可使研究达到预先设定的目标。目标取向所反映出的是研究是否值得研究，所以从选题就可看出该选题研究的现状以及未来发展的趋势。若选题没有揭示目标取向，而只是陈述了一个事实，则意味着该选题不值得研究。这种选题就不值得去选。

（2）具体范围。研究总是限定在一定范围之内的，成功选题的范围更应该具体。一方面不宜选择大而全的选题，选题过大会使研究无法深入下去；另一方面不宜选择过小的选题，题目太小会使研究陷于琐碎的细节，失去其价值与品位。因此，就硕士研究生而言，选择一个不大不小、比较适中的题目是适合的。

（3）争鸣意识：指所选的题目最好具有学术上的争鸣性，要对某个学术问题提出质疑。学无止境，很多当年毋庸置疑的学术观点随着时间和条件的变化，其真理性也随之发生变化。因此，选题要有争鸣意识，一定要敢于质疑。当然质疑也必须要有理有据，不能随便怀疑，这样的选题一定是有价值的。

总而言之，选题要讲究技巧。选题的本质实际上是学术积累后的第一次思想井喷，没有前期的学术积累是无法进行选题的。好选题可使研究事半功倍，好选题是论文成功的前提。

4.1.3.3 选题的特点

选题切忌草率，应注意论文题目要具备新颖性、学科性和现实性。

（1）新颖性：要有 new idea；要站在学科发展前沿；要处于领先地位。

（2）学科性：“学科”方向正确，有一定水平；若干届研究生工作的累积，可形成新的研究方向，甚至形成新的学派或新的学科分支。

(3) 现实性：在规定期限内基本可以完成，即人力、物力、财力允许；有主动权，牵制因素非主要因素。

4.1.4 论文选题的大小

选题的大小其实也是对论文选题的要求，只不过这个问题特别重要，故而单独阐述。这其中涉及对论文题目大小和论文材料多少两方面的把握。

4.1.4.1 选题常犯错误之一：选题太大

目前，研究生学位论文选题中普遍存在的问题就是选题大而不当。因此，在选题时切记不可过大。如“论语言学理论的若干基本问题”，显然就不太适合作为研究学位论文题目，而只适合语言学学科的领导人做总结报告时采用。再如“论汉语的认知结构”，似乎比上一个题目好些，但该选题不谈透几十个大小问题是不可能阐述、论证清楚的，因此较适宜写成一本学术论著而不是一篇学位论文。因此，我们提倡研究生的学位论文要小题大做，深入挖掘。

4.1.4.2 选题常犯错误之二：材料不当

除了所搜集的材料质量不合乎学术要求之外，研究生在材料上常犯两个错误（陈力丹，2001）：

(1) 材料太少：论文写作所需的材料太少确实是一件很麻烦的事情。在选题时就必须要考虑材料搜集的难度与时间。较常见的情形是，某个选题非常有意义，大小也比较适中，因此下定决心要写，但是搜集材料的难度较大，且耗时耗力，估计短时间内难以搜集到足够的材料。这种情况下，我们建议还是换个选题为好。如“对拉丁美洲汉语教学策略研究”，如果不是曾赴拉美国家长期任教，是很难搜集到足够的材料的，此类题目最好放弃。

（2）材料太多：相反，可供使用的材料太多也未见得是一件好事。材料太多就添加了对材料甄别、遴选的任务，而作为初写学位论文的研究生经验又十分有限，难以驾驭。这种情况下，建议最好缩小研究区域，将选题限定在一定范围之内。例如：“配价语法中的汉语二价动词研究”。众所周知，汉语二价动词是个大家族，其中的下位小类繁多，情况也非常复杂，可用的语料实在太多了，很难在三年中厘清现有的材料，说到底还是选题太大了。

4.1.5 论文选题的价值

对论文选题的价值评判其实也是选题要求的一部分，与选题大小相同，因为非常重要，故而也单独拿出来阐述。学术研究所追求的价值包括学术价值和社会价值两个方面，论文的学术价值是衡量论文是否成功的标准之一。学术论文的价值可以从理论（学术价值）和实践（社会价值）两方面来衡量。

4.1.5.1 学术价值：面向理论

所谓学术价值主要是指该研究是否能对某学科的理论做出自己独有的贡献，就汉语国际教育专业而言，理论价值就是指你的研究能否为国际汉语教学领域提供新的理论贡献。

4.1.5.2 社会价值：面向现实

所谓实践价值是指该研究能否应用于该领域的具体实践，

就汉语国际教育专业而言，实践价值就是指你的研究是否有助于国际汉语一线教学实践。

选题一定要有价值，没有价值的选题是不值得研究的。因此在选题的时候一定要进行价值评估，多听导师和本学科专家的意见，否则会严重影响对论文的评价。

4.2 论文选题步骤

论文选题大致经过以下四步：选定大致方向、查阅相关资料、写出踏查报告、敲定具体题目。下面笔者以自己博士论文的选题经历为例，来说明如何一步一步选定论文题目。

4.2.1 选定大致方向

选定大致方向之后有两件事要做：一是尽快确定研究材料（语料）；二是尽快了解所关注领域的研究状况。

4.2.1.1 研究材料的确定

研究材料的确定主要指选定哪种材料作为研究的对象。笔者的博士论文选题是“现代汉语新闻语篇的结构研究”，论文选题的方式属于师生协商确定选题。博士入学之后，导师李宇明教授希望我能研究语篇结构，但并未在语料方面做出限定。

笔者在选定了大致的研究方向之后，做了以下三步工作：第一步，首先确定研究语料的语体，因为不同语体的篇章结构是不同的。笔者先后考察了中学语文课文、小说、科技论文、广告等不同的语体语料，最后选定新闻语体作为研究材料。第二步是确定语类：新闻语体也包含着不同的下位语类，如新闻报道（消息）、通讯、新闻评论等。最终笔者选择消息作为具体研究语类，这是因为在语篇结构方面新闻报道最典型（具有“倒金字塔结构”），在篇章结构方面的规定性也最强。最后一步就是确定选用何种媒体的语料。新闻媒体包括报纸、广播、电视和网络四种，不同媒体的语料性质是不同的。最终我们选用了传统平面媒体——报纸语料作为研究对象。接下来牵涉的就是如何快速进入某个研究领域的问题。

4.2.1.2　快速进入研究领域

所选定的研究方向可能是一个学科分支或者是某个尚未形成学科的具体研究方向，这有不同的应对方法：

（1）进入学科分支的方法：台湾“清华大学”彭明辉教授认为：进入一个领域最简单也是最有效的办法是找一本这个领域最新的论述专著或教材。当把这个领域的基本概念的内涵以及相互之间的关系搞清楚了之后，再去读这个领域的论文，就会因为心中有数而能够很好地把握哪种工作必须要先做，不可以在网上乱搜论文，否则会感到：看了 20 篇文章，对这个领域的认识还没有形成。看出有些概念自相矛盾还算幸运，而被偏见所引导还不知道，才是最可怕的①。

（2）进入研究方向的方法：如果所关注的题目尚未形成学科分支，也没有相关的教科书，则可以采取另外一种方法。毛浩然（2016）提出了快速进入一个新学科领域的“六部曲”：具体指：①检索百度百科；②查阅核心期刊综述 2 篇；③查阅权威期刊书评 2 篇；④阅读外文专著中文导读 1 篇；⑤查阅国内外高被引频次论文 5—7 篇；⑥撰写 3000 字以上批判

① 参看彭明辉教授的《研究生手册》。

性读书报告 1 篇。“六部曲”简明易行，只要按部就班地实践，大约一周时间即可快速入门一个新学科领域[①]。

4.2.2 查阅相关资料

定下论文的大致方向之后，需要做的是查阅相关资料。需要注意的是，此时的文献查阅与确定下具体题目之后撰写文献综述时是不同的，这是两个阶段的工作。

4.2.2.1 查阅资料的流程

在该阶段，研究生所做工作的流程是：

（1）得到一个大概的研究方向（前一步）。

（2）查阅相关中文综述：看国内有谁或哪个单位在做相关内容。

（3）查阅相关外文综述：比较一下，看看人们对什么感兴趣。

（4）查阅较关键的参考文献：注意期刊和作者的权威性及引用次数。

（5）重检相关全文：注意研究方法和技术路线，以及讨论中存在什么问题。

（6）根据本人所能控制的资金和本地技术资源考虑：我能做什么，怎么做?

（7）再进一步紧缩范围，得出一个框架图。

（8）根据框架图再进一步查阅外文原文以明细节。

---

① 参看毛浩然：《快速入门一个新学科领域的六部曲》，《语言教育》2016 年第 3 期。

4.2.2.2 查阅资料的意义

上述是在论文题目未定之前的文献阅读。论文题目确定之前的查阅很有意义：

查阅文献的顺序大致是：阅读相关教科书→找到感兴趣的问题→查找相关文献综述。或许你会发现教科书上所谓的一些成熟观点，在综述中曾是“推测”。再查阅原始文献会发现，许多论证和结论是在当时科研条件不够的情况下所做的初步探索。若发现这样的问题，可以使用目前最新的技术验证一下，会有两种结果：①证实，即用最新技术验证了一个很正确的观点，为其提供了新证据；②证伪，发现前人观点有误，这就是未来科研方向，值得继续做下去。一定得了解自己治学方向现在在国际上的研究现状——已经做到了何种程度，还有哪些关键问题尚未解决。这一点对于自己找题目的研究生尤为重要。

4.2.2.3 查阅资料时的注意事项

（1）熟悉学校的图书馆：应完全熟悉学校图书馆的结构与藏书，不少学校开设“文献检索课”，以帮助新生熟悉学校图书馆和资料。对于你来说，有以下建议：

首先，要熟悉图书馆中的语言学和教育学专业的各种参考材料的位置。其次，要熟悉图书馆的各项规章制度，最后，大致了解学校图书馆的大小、所藏书刊、特殊收藏以及工作人员的态度等。

除了到图书馆查阅相关书刊资料之外，目前最常用的是利用电脑进行检索：大部分的图书馆都购买各种数据库，在自己的宿舍就可以通过校园网络查找相关资料，使查找文献变得更加方便、快捷。

（2）评估所需的资料：要对所搜集到的资料进行评估判断，因为正式出版物也并非都是可靠的。在引用任何文献资料之前，都有必要评估一下所引用资料的可靠性。通常可以通过以下标准来核对所用的资料的可靠性：

①作者：可通过作者的名誉好坏来判断资料是否可靠，越是名家其文献的可靠性越强。

②出版社：出版社越有名，其出版物的可靠性就越高，出版不可信作品的可能性就越小。

③出版日期：出版的日期越近，说明内容越新颖，资料的新鲜程度越高。

④期刊：学术期刊的类型及其读者群是评估文献的一个重要标准。通常影响因子越高，期刊的技术性或学术性就越强。

⑤内容：是判断资料可靠与否的最终标准，通过了解相关内容可判断是否值得进一步阅读。

4.2.3　写出踏查报告

本阶段查阅资料的目的是为了写踏查报告。踏查报告本质上也是文献综述，不过这是一篇大文献综述，目的是为了进一步确定论文题目，并非论文中的那种文献综述。论文中的文献综述是狭义的，是论文有机的一个组成部分。无论是写踏查报告还是写文献综述，都要注意日常零星感想的记录和读书笔记的积累。

4.2.3.1　记录零星感想

日常积累很重要，这些思想的火花稍纵即逝，要注意随时随地记录下来，可以使用多客户端笔记（如印象笔记、有道笔记等)。思考的场合包括日常通勤的路上或饭后散步时，都是很好的时机，不一定非要在特别清静的场合。真正的研究者应该整天想着自己的论文题目，达到“拳不离手，曲不离口”的境界，只有这样才能不断迸发出灵感来。

4.2.3.2 写出读书笔记

读书笔记又称读书札记或读书报告，是对单篇论文阅读感受的记录。写读书笔记的方法有（陈力丹，2001）：

（1）摘录式笔记：摘抄原文或内容摘要。

（2）提纲式笔记：将文献的论点或基本内容提纲挈领地叙述出来。

（3）心得式笔记：将对某一问题的心得体会写成短小的文章、札记、随笔等。

（4）索引笔记：写下有关的书名或论文题目，按照内容性质制定索引，以备查用。

做读书笔记没有一定之规，可以根据自己研究的内容和个人习惯采用一种或多种形式。例如按内容归类做笔记、以不同的作者归类做笔记、用活页纸做混合笔记（看到哪里就记到哪里，然后再按一定的分析要求归类）等。如果材料可以借走，当然使用计算机做笔记更好。整理笔记，按将来写作论文时的逻辑编排，这一步做得好，写作时就会感到很顺手。这项工作宁可慢些，到写论文时就会收到事半功倍的效果。

这里需要强调的一个技术性问题是每条笔记的作者（编者、译者）、题名、出版情况以及出版时间都要记下来；外国的作者除了译名之外，还须记下外文原名。注意不要忽略这些信息，否则回过头来查找出处是很麻烦的。

4.2.3.3　撰写踏查报告

踏查报告不需要写得过于细致，但要能反应较大研究领域的总体研究概况，包括大致的研究历史、主要研究流派、主要理论观点、主要研究内容与热点以及当前存在的主要问题等；寻找可用的研究方法；摸清本领域的大致情况，寻找具体论文题目，为选题做准备。撰写时要明白踏查报告的写作是为选题服务的，只要能达到基本目的即可。

4.2.4　敲定具体题目

所选题目必须注意：

4.2.4.1　选题应和国际接轨

必须了解国际研究动态，选择与国际学术研究合拍接轨的课题，研究成果方有可能在国际核心期刊上发表。由于多方面因素的影响，目前我国科学研究选题与国际先进水平还有一定距离，中国语言学研究的国际化仍然任重道远。

4.2.4.2　选题要有可发展性

课题可发展性对高水平论文的持续产出具有极大作用。如果所选题目具有可发展性，研究生毕业之后就可以在该领域继续深入研究，有助于后续的发展。因此，课题的发展性对高水平的论文持续产出具有重要作用。

4.2.4.3　可借助工具来选题

可以借助相关检索工具来帮助选题：①查阅语言学领域的检索工具，各高校基本都可以满足要求；②了解 SCI 收录期刊所反映的语言学领域的相关动态；③利用 ISI 提供的工具帮助选题；④利用网上的数据库。了解国际最新学术动态及有关资料。如果有意选取可在国际学术界崭露头角的选题，就可借助相关检索工具尽可能与国际学术的研究接轨。

4.3 选题的宜与忌

4.3.1 宜选的题目

4.3.1.1 比较鼓励研究的领域和课题

以下领域或课题是学界比较鼓励研究的：①小题大做：小题细做、小题深做、精耕细作；②热点难点问题研究；③学科交叉；④实证性比较研究；⑤挑战性实证论题；⑥理论研究与实证研究相结合，并附有案例的论文。

4.3.1.2 比较提倡研究的论文类型

以下类型的论文是学界比较提倡研究的：①案例分析；②调查研究报告；③定量研究；④实验研究；⑤基于语料库的研究等。

4.3.1.3 具体的论文选题建议

在选题时应注意下面六个问题：

①前沿课题：要尽量选择处于语言学前沿的选题。

②疑难课题：要尽量选择语言学界有难度的选题。

③空白课题：要尽量选择研究中前人未曾触及，可以填补空白的选题。

④论争课题：要尽量选择语言学界尚有争论且无定论的选题。

⑤适中课题：要注意题目的大小适中，不应贪大求全。

⑥应用课题：要尽量选择有助于国家和学科发展的应用性选题。

当然，选题时也要扬长避短，充分发挥自己的知识和能力水平。同时还要了解国内外的研究“行情”，注意选题的理论意义和实践价值。上述这些意见可能互有交叉，建议研究生综合把握。

4.3.2 选题的忌讳

4.3.2.1 选题三忌

(1) 缺乏方向性或方向不对。方向不对，全盘皆输；方向不集中，无法形成优势。(2) 难易不合适。太难，完不成，挫伤积极性；太易，发挥不了研究生的才能。(3) 不慎重。文献资料、语言材料、实验设备等论文撰写必需的主客观条件都要准备好。否则缺乏调查研究，缺乏充分酝酿，轻易上或轻易下，甚至多次改换题目，这是很犯忌的，会使研究生丧失主动性和自信心，也会丧失导师的信任。

4.3.2.2 选题不宜

以下四类题目不宜作为论文选题：(1) 特别空的题目；(2) 特别大的题目；(3) 特别耗费时间的题目；(4) 技术难度特别高的题目。

4.4 选题对师生的要求

4.4.1 选题对导师的三要求

论文选题不仅仅对研究生有要求，对导师的要求也是很高的：

（1）战略眼光：指导师要能站在学科发展的高度指导研究生选题，要有通盘计划与部署。

（2）准确把握：指对该选题的完成有一定的把握性，对研究中可能出现的问题有应变的考虑与准备；对该选题最终完成内容大体上有一个总体上的估计与要求。

（3）善于协调：指善于调动研究生本人和整个团队的积极性，能充分听取并尊重团队每个研究生的意见和建议。

4.4.2 选题对研究生的要求

选题对研究生的要求更是具体的：

（1）认识充分：研究生必须认识到选题的重要性，未雨绸缪，尽早动手，主动争取导师的指导。

（2）期许要高：指研究生的对自我要求要高，要按学位论文的要求高标准选题。多检索阅读近 10 年来国内外核心期刊的文献及相关学位论文。

（3）准备充分：指研究生宜尽早制定时间表，尽早发表文章，若干篇前期论文的积累，可为最终学位论文的撰写打下良好的基础。

4.5 小结

总之，论文选题本质上是一个双向选择的过程：一方面是主攻专业领域可供研究的诸多论题；另一方面是官方研究生培养方案的诸多要求、导师的学术兴趣与指导风格、研究生自身的学养兴趣及所在研究机构的科研条件等方面的限制。作为选择者的研究生要在这两方多头的限制中统筹衡量并做出理性选择，殊非易事。笔者的建议是，知己知彼，理性务实：

首先，要摸清本专业领域的基本研究状况。除去假命题和伪命题，可供研究的论题有哪些？哪些是热点、难点？这些论题的大小、难易情况如何？对客观研究条件（时间、精力、财力及实验设备等）有何要求？

其次，要对自身的学养、学力、兴趣以及时间、精力和身体状况等主客观条件有一个客观理性的评估。在攻读研究生期间上述主客观条件当然也会不断变化，所以有必要用相关要求衡量一下，看在规定时限内是否有可能顺利完成学位论文。

再次，还要了解研究生培养方案中的要求（如基础学习阶段需要修够多少学分，答辩前需要发表多少篇论文等），以及导师的学术兴趣与指导风格（偏向中国传统指导风格的导师可能对学生指导和限制都较多；偏向西方指导风格的导师可能对学生较为宽松但指导也较少）。

最后还要了解所在研究机构的科研条件。如是否有相关专业课或方法课的老师（人）；是否有较充足的科研经费可供使用（财）；是否有较丰富的图书资料和研究所需的实验设备（物）等。如果上述条件无法满足或部分困难无法克服，则论文就有可能无法如期完成。

因此，这是一个综合考量、统一协调的动态过程，研究生在选择时一定要慎重、理性和务实。同时，也要注意在时间和精力的安排上要宽打窄用，在确定选题时务必留有余地。

第五章

综述材料

本章主要阐述论文写作的第二步和第三步，搜集研究材料和文献资料。这里的“综述”取广义，指搜集、整理、分析和评述；“材料”也取广义，包括研究材料和文献资料，就语言学专业而言，研究材料主要指语言材料，即语料。需要特别指出的是：确定论文题目之后，不同的研究者有不同的研究思路。

本章先介绍“从语料到文献（语料中心主义）”和“从文献到语料（文献中心主义）”这两种研究思路与立场；然后分别阐述语料的搜集与分析、文献的检索与述评；最后谈文献综述的写法。

5.1 两种研究思路与立场

这两种研究思路主要涉及先搜集分析相关语料还是先检索评述相关文献的问题，不同的研究者对此持有不同的观点：有的研究者是先语料后文献；有的研究者则是先文献后语料。下面分别介绍阐述。

5.1.1 思路之一：从语料到文献

这一研究思路是指先进行语料工作，然后再进行文献工作。这一思路又分为两种情况：一种是事先并不设定论题，完全从语料中发现问题并展开论述，我们称之为“全语料中心主义”；另一种是事先有一个选题或方向，确定论题之后先搜集分析语料，然后再检索评述文献，我们称之为“半语料中心主义”。

5.1.1.1 全语料中心主义

全语料中心主义是指下笔之前并无预先设定的选题，论题完全是从语料中来的，从选题到写作均围绕着语言材料进行，国内老一辈的汉语语言学家多采用这一研究途径。如陆俭明先生大学三年级在《中国语文》上发表的论文《现代汉语中一个新的语助词“看”》[①]，就是围绕着大量语言材料进行的。据陆先生与笔者讲：他先在语料中发现了这个新的语助词“看”，觉得此问题值得研究，然后又补充搜集了不少语料，

① 参看陆俭明：《现代汉语中一个新的语助词“看”》，载《中国语文》1959年10月号。

最后才撰写成文。

邢福义先生基本上也采用这一研究思路。李宇明老师回忆邢先生对他的指导时说："邢先生首先带给我们一叠精心挑选的语言卡片，要我们在一定时期内认真分析，从中分析出有价值的课题，并对课题进行论证。"

由此可见，"全语料中心主义"思路的研究行为图式是：搜集语料（无目的）—分析语料（无目的）—确定选题—论证选题。当然，我们相信该思路在搜集和分析语料时尽管不做明确预设，但还是有大致研究方向或研究目的的，只不过是目的性不强而已。如果研究目的或研究方向已经非常明确，就转入了下一研究思路"半语料中心主义"。

5.1.1.2 半语料中心主义

半语料中心主义是指下笔之前已有预先设定的选题或方向，围绕论题有针对性地搜集、分析语料，写作过程以语言材料为中心。目前，导师为学生制定选题或师生共同商定选题的方式中较多采用这一研究途径。

如前所述，笔者在撰写博士论文之前已与导师商定以"新闻语篇的结构"为论题，因此后续的工作就是搜集相关新闻语料，分析新闻语篇的篇章结构，并从中找出语言规律来，最后将自己发现的创新点写成论文。

由此可见，"半语料中心主义"思路的研究行为图式是：确定选题—搜集语料（有目的）—分析语料（有目的）—论证选题（兼及理论）。

5.1.1.3 小结

无论是"全语料中心主义"还是"半语料中心主义"，持

“从语料到文献”思路的研究者都有较强烈的问题意识。如果在研究中只关注问题而未涉及理论，则相当于崔希亮老师（2011）文中提到的“从问题到问题”的研究思路；如果在关注问题的同时有意识上升到理论，则相当于“从问题到理论”的研究思路①。

5.1.2 思路之二：从文献到语料

这一研究思路是指先进行文献工作，然后再进行语料工作。这一思路又分为两种情况：一种是事先并不设定论题，完全从理论出发展开论述，我们称之为“全理论中心主义”；一种是事先有一个论题，确定论题之后先检索、评述文献，然后再搜集、分析语料，我们称之为“半理论中心主义”。

5.1.2.1 全理论中心主义

全理论中心主义是指下笔之前并无预先设定的选题，论题完全是从理论中来的，从选题到写作均围绕着理论进行。该思路的极端是从理论到理论，抽象性较强，理论思辨色彩较浓，对研究者的理论素养要求也较高。中国的学术传统就文科而言，是重事实，强调爬梳，这是从清代乾嘉学派以来所形成的学风。因此不太提倡此类研究思路，认为过于空泛。

“全理论中心主义”思路的研究行为图式是：检索文献（无目的）—评述文献（无目的）—确定选题—论证选题。

---

① 崔老师在《从问题到理论还是从理论到问题》一文中共指出四种研究思路：从理论到问题，从问题到理论，从问题到问题，以及从理论到理论。参看本书附录二。

5.1.2.2 半理论中心主义

半理论中心主义是指下笔之前已有预先设定的选题或方向，围绕论题有针对性地检索、评述前人的理论，写作过程以语言理论为中心，目的是证实、补充或证伪前人的理论，语料工作只是为上述研究目的服务的。

“半理论中心主义”思路的研究行为图式是：确定选题—检索文献（有目的）—评述文献（有目的）—论证选题（兼及语料）。

5.1.2.3 小结

无论是“全理论中心主义”还是“半理论中心主义”，持“从文献到语料”思路的研究者都有较强烈的理论意识。如果在研究中只关注理论问题而忽视了语料，则相当于崔希亮老师（2011）文中提到的“从理论到理论”的研究思路；如果在关注理论的同时兼顾语料，则相当于“从理论到问题”的研究思路。

5.1.3 小结与讨论

实际上，以“钱与钱串子”为代表的“问题（语料）优先”还是“理论优先”的争论一直都存在，不同研究者因研究立场的不同也使写作图式呈现出不同的状况。下面先总结不同思路下的论文写作图式呈现状况，然后对研究生“从语料到文献”还是“从文献到语料”的选择给出我们的建议。

5.1.3.1 不同思路下的图式状况

这首先涉及研究立场的选择，即选择“语料中心主义”

还是“理论中心主义”。但具体到实际的研究情况仍很复杂，如持语料中心主义的研究者的论题也可能是从文献中得出的，但中心工作依然围绕着语料展开。如李宇明老师谈道，“后来，邢福义先生又带给我们一篇语言现象非常复杂有趣的文章，要我们从中发现研究课题，并围绕这一课题搜集语料。通过对语料的分析，总结出规律，写出论文提纲。最后根据提纲进一步研究补正，写成论文。”[①] 反之，持理论中心主义的研究者的论题即便是从语料中得来的，其中心工作仍然围绕着理论展开，在此恕不举例了。不同研究思路与科研立场下的写作图式状况参见表 2：

表 2　不同研究思路下的写作图式状况小结

<table>
<tr><th>研究思路（立场）</th><th>具体类型</th><th>步骤 1</th><th>步骤 2</th><th>步骤 3</th><th>步骤 4</th><th>备注</th></tr>
<tr><td rowspan="2">从语料到文献（语料中心主义）</td><td>全语料中心主义</td><td>搜集语料（无目的）</td><td>分析语料（无目的）</td><td>确定选题</td><td>论证选题</td><td rowspan="4">1. 搜集分析语料和检索评述文献时的目的性有程度上的不同，完全无目的的情况估计极少。
2. 论证选题时是否兼及语料或理论也有程度上的不同，要依据研究者本人的研究立场而定</td></tr>
<tr><td>半语料中心主义</td><td>确定选题（A. 从语料中得出选题
B. 从文献中得出选题）</td><td>搜集语料（有目的）</td><td>分析语料（有目的）</td><td>论证选题（兼及理论）</td></tr>
<tr><td rowspan="2">从理论到语料（理论中心主义）</td><td>全理论中心主义</td><td>检索文献（无目的）</td><td>评述文献（无目的）</td><td>确定选题</td><td>论证选题</td></tr>
<tr><td>半理论中心主义</td><td>确定选题（A. 从语料中得出选题
B. 从文献中得出选题）</td><td>检索文献（有目的）</td><td>评述文献（有目的）</td><td>论证选题（兼及语料）</td></tr>
</table>

① 参看李老师：《泛舟学海，科研乃桨》，载《研究生教育理论与实践》1989 年第 2 期，观本书附录一。

5.1.3.2 对研究思路的建议

在研究思路的选择方面，我们有以下两点建议：

（1）先语料后文献：即对所研究的课题先从语言事实出发，观察分析出规律，写就初稿或详细提纲，然后再去翻阅与之相关的参考文献，笔者在做博士论文时导师就是这样指导的。这样做的好处是：可以充分发挥自己的主观能动性，能够发现一些独特新颖的东西。若先读文献再动笔，则往往会被文献框住，难以跳出前人的藩篱，不易形成自己的独特研究风格。先分析语料后读文献的结果主要有三：一是自己的心得前人早说过，说明自己的研究能力已经达到了一定的高度；二是自己想到了但没有别人说得圆满，那正好吸收别人的成果提高自己；三是自己想到了而别人没谈到，这正是属于自己的东西，是自己的贡献。此外，如果自己的结论同他人的结论相抵触，也可以比较甄别，择善而从之①。也许对于正常的科研程序来说，这样做是恰恰相反的。但对于驾驭文献资料能力还较为有限且需要提高科研能力的研究生来说，如是而行是可取的。

（2）先专题后拓展：上一条是针对某一篇论文研究思路的建议，就研究生的总体研究规划而言，笔者认为宜先做某个专题研究，然后拓宽研究领域。陆俭明先生在《博士生培养杂议》一文中指出：一个博士生如果只把自己的知识局限于一个很小的范围，可能会在某个阶段、在某个问题上钻研得很

① 其实更多的情况是别人说过了而自己没有悟到，只能被动接受知识。参看李宇明老师：《泛舟学海，科研乃桨》，载《研究生教育理论与实践》1989 年第 2 期，又见本书附录一。

深、会写出一两篇文章，但肯定会缺乏发展后劲，在教学与科研上会越来越感到捉襟见肘，在学术上不会有大成就。所以博士生在读期间，要通过各种途径使自己的业务知识更加深广、扎实，特别是要引导学生不断更新知识，不断扩大知识面，使学生有一个合理的知识结构，以适应时代发展和学科发展的需要①。

总之，无论采取哪种研究思路和立场，都要牢记语言学是研究语言现象的学问而不是研究语言学文献的学问，即研究对象是语料而非文献。搞清楚这一点很重要，也很有必要②。

5.2 搜集、分析材料的方法

5.2.1 搜集材料的方法

研究材料包含的种类很多，不仅限于语言材料。下面以语言学中的汉语本体研究为例，介绍一下搜集语言材料的方法。搜集语料的方法很多，最常用的有卡片法和语料库语言学两种方法。

5.2.1.1 卡片法

卡片法是老一辈语言学家们经常使用的一种行之有效的方法。我们以吴为章先生研究配价语法为例，来介绍运用卡片搜

---

① 参看陆先生：《博士生培养杂议》，载《外语教学与研究》2001年第1期。类似的话李宇明老师也曾说过。

② 类似的情况也发生在古代文学研究领域：有些研究生或博士生几乎不读古代文学作品原文，却能洋洋洒洒写出数万言的学位论文——这一现象也已经引起古代文学界的警觉！

集语料的方法。吴先生主要运用配价理论研究汉语动词与名词之间的关系，她的卡片制作分为以下几步：首先搜集了《毛泽东选集》和《鲁迅全集》等典范的白话文著作；然后把这些著作的每一句话都分别抄写在统一的卡片上（约有几万张）；接着再将卡片归类并分别装盒（按一价动词、二价动词和三价动词分别归类）；最后逐一分析每张卡片上的动词与名词之间的关系。她的代表作《单向动词及其句型》就是在穷尽性分析了一价动词（即单向动词）卡片的基础上写成的，此后又陆续在卡片分析的基础上发表了一系列的汉语动词配价研究的论文①。从现在的角度看，卡片法似乎在统计方面不如计算机快捷，但用卡片分析、归类和比较却要比计算机方便得多。因此，至今卡片法仍不失为一种行之有效的语料搜集方法。

5.2.1.2　语料库语言学的方法

这一方法是目前搜集语料的主要方法，又分为两类：

（1）在现有语料库中检索所需语料：这种情况最常见，如汉语本体研究经常使用的母语语料库是北京大学中国汉语语言学研究中心的“CCL 语料库（http：//ccl. pku. edu. cn：8080/ccl_ corpus）”和北京语言大学的“BCC（http：//bcc. blcu. edu. cn/）语料库”，国际汉语教学领域经常使用的汉语中介语语料库是“HSK 动态作文语料库（http：//202. 112. 195. 192/hsk/login. asp）”。

（2）自己建设的专用语料库。当现有语料库不合用，无

① 吴为章先生是我研究生时期的老师，是我汉语语法研究的引路人，上述卡片制作方法是她亲口告诉我的。

法满足研究的需要时，就需要自建语料库。笔者攻读博士学位期间为研究新闻语篇的结构，曾花两年时间建设了一个包括1080篇新闻报道的“现代汉语新闻语篇（XWYP）文本语料库”，全库约700万字。因自己建库对时间、精力、经费及技术条件的要求较高，因此此类情况较少。大致的建库步骤是：首先选择语料并确定样本数量；然后小范围试标注并确定标注内容；接着全面标注语料；最后校对所标注的语料。这是个很艰苦的过程，为降低人工标注的误差率，样本量不宜过小。

5.2.2 分析材料的方法

分析研究材料需要采用不同的研究方法，下面以人文社会科学的研究材料为例，简要介绍思辨分析、话语分析、内容分析、质性研究和统计学分析等几种分析方法。由于研究生阶段开设有专门的研究方法课，此处仅是简要介绍。

5.2.2.1 思辨分析

思辨分析的方法很多，下面简要介绍历史研究法和比较研究法。

（1）历史研究法：亦称纵向研究法，是比较研究法的一种形式。历史研究法是运用历史资料，按照历史发展的顺序对过去的事件进行研究的方法（马睿颖，2012）。历史研究的目的在于了解某领域的现状及其演变趋向。但不是断章取义地分析某领域的现状，而是系统地研究它们以往的发展及其变迁的原因。历史研究法主要是研究某领域的发展历史，从各种事件的关系中找到因果线索，演绎出造成现状的原因，并推测未来的变化。

（2）比较研究法：比较研究法就是对物与物之间和人与人之间的相似性或相异程度的研究与判断的方法。比较研究法可以理解为根据一定的标准，对两个或两个以上有联系的事物进行考察，寻找其异同，探求普遍规律与特殊规律的方法。按属性的数量，可分为单向比较和综合比较。按时空的区别，可分为横向比较与纵向比较。按目标的指向，可分成求同比较和求异比较。按比较的性质，可分成定性比较与定量比较。按比较的范围，可分为宏观比较和微观比较（洪小龙，2013）。

5.2.2.2　话语分析

目前最流行的是批评话语分析（critical discourse analysis，简称 CDA），是当代语言学研究的一个新兴分支。批评话语分析的主要方法有：系统功能语法分析、语篇体裁交织性分析和话语历史背景分析。例如：对何人使用何种称谓，体现着作者（讲话者）的态度。情态是人际功能的体现形式之一，主观情态反映话语生成者与陈述者的亲近性，而客观情态则模糊了个体和团体的观点。

5.2.2.3　内容分析

内容分析法是研究方法的一种，主要是对所传播的内容进行客观、系统和定量描述。其实质是对传播内容所包含的信息量及其变化的分析，换言之是经由对表征有意义的词句的分析而推断出准确意义的过程。内容分析法的分析过程是一个层层推理的过程。内容分析法中的信度是指两个或两个以上研究者按照同一分析维度对相同材料的一致性程度进行评估判断，是保证内容分析结果可靠、客观的一个重要指标。

5.2.2.4 质性研究

质性研究是一种在社会科学领域常使用的研究方法，通常是相对于量化研究而言。质性研究实际上并不是一种方法，而是许多不同研究方法的统称，由于它们都不属于量化研究，因此被归成同一类探讨，其中包含但不限于民族志研究、口述史研究、行动研究、个案研究和文本分析以及扎根理论等（刘徐方，2012）。

（1）民族志研究：

民族志是一种写作文本，是人类学独一无二的研究方法，是建立在田野工作基础上第一手观察和参与之上的关于习俗的撰写。民族志的主要内容是对相关人员的访问内容与档案记录的检视与评判。通过这些内容可找出特定团体和组织之间的关联，并为专业的同行与关心的大众撰写出整个故事的来龙去脉。民族志学家记录的是人们日常的生活，其研究的焦点放在人类思想和行为中比较可预测的型态上（王晓江，2010）。

（2）口述史研究①：

口述史亦称口碑史学。口述史在国际上是一门专门学科，即以搜集和使用口头史料来研究历史的一种方法，或由此形成的一种历史研究方法学科分支（李琳，2017）。1948 年，美国哥伦比亚大学的艾伦·内文斯（Allan Nevins）教授在该校创立了口述史研究中心，第一次使用了“口述史”这个概念，这标志着现代口述史学术领域的成立。口述历史是通过有准

① 语言学界也已经开始了口述史的研究，如北京外国语大学姚小平教授的博士生张宜博士所做的一系列研究；北京语言大学田靓博士所做的有关国际汉语教学名师的研究。

备、以音像设备为工具的采访，记述人们口述所得的、具有保存价值和尚未得到过的原始资料。

（3）行动研究：

行动研究是一种适合广大教育实际工作者的研究方法，当然也适用于汉语国际教育领域。它既是一种方法技术，也是一种新的科研理念、研究类型。行动研究所关注的课题是从实际工作需要中寻找的，并且在实际工作过程中进行研究，行动研究由实际工作者与研究者共同参与，并且使研究成果被实际工作者所理解、掌握和应用，从而达到解决实际问题和改变社会行为目的。该方法是一种理论与实践相结合，重视相关资料的搜集、强调合作探讨、自我反省及多方总结，最终达到解决问题的目的的一种研究方法。

（4）个案研究：

个案研究（case study）也称个案调查，是对某一特定个体、单位、现象或主题的研究。这类研究广泛搜集有关资料，详细了解、整理和分析研究对象产生与发展的过程、内在与外在因素及其相互关系，以形成对有关问题深入全面的认识和结论。个案研究的单位可以是个人、群体、组织、事件或某一类问题，由此而产生人员研究个案、各生活单位或社会团体个案、传播媒介个案以及各种社会问题个案等。

（5）文本分析：

文本分析法是指从文本的表层深入到文本的深层，从而发现那些不能为普通阅读所把握的深层意义。方法有“新批评”法、叙述学分析法、文化研究法、互文法[①]，下面简要介绍

① 近年来语言学界也开始关注互文方法，参看娄开阳、徐赳赳：《新闻语体中连续报道的互文分析》，载《当代修辞学》2010年第3期。

“新批评”法和叙述学分析法。①“新批评”法：不是一种自我感兴趣的印象式批评，而是一种“细致的诠释”，是对作品做详尽分析和解释的批评方式。其操作过程大致分为以下三个步骤：首先是了解词义，然后是理解语境，再次是把握修辞特点。②叙述学分析法：叙述是人类社会性活动中的一个重要部分。叙述学分析法主要是故事分析（包括故事序列分析，故事类型分析等），与叙述视角分析（包括叙述者的人称、位置、可信度；叙述者的声音、叙述的速度等）。

5.2.2.5 统计学分析

统计学分析也包括很多具体的方法，如统计描述、方差分析、二元相关、多元分析和多元回归、多变量分析和因子分析等。限于篇幅，下面简要介绍其中的几种（郭志刚，2015；何晓群，2016）。

（1）统计描述：

它研究如何用科学的方法搜集、整理、分析经济和社会发展的实际数据，并通过统计所特有的统计指标和指标体系，表明所研究的社会经济现象的规模、水平、速度、比例和效益，以反映社会经济现象发展规律在一定时间、地点、条件下的作用，描述社会经济现象数量之间的关系和变动规律，也是进一步学习其他相关学科的基础。

（2）方差分析：

方差分析（Analysis of Variance，简称 ANOVA），是 R. A. Fisher 发明的，又称“F 检验”或“变异数分析”，用于两个及两个以上样本均数差别的显著性检验。在各种因素的影响之下，研究所得出的数据会呈现波动状。造成波动的原因包括两类：不可控的随机因素，以及研究中施加的对结果形成影响的可控因素。方差分析就是从观测变量的方差入手，研究诸多控制变量中哪些变量是对观测变量有显著影响的变量。

（3）二元相关：

二元相关是因果关系分析方法中的一种。二元线性回归分析法是在一元回归基础上的延伸，适用于分析有两个主要自变量的预测，一般运用计算机进行计算。

（4）元分析：

元分析（meta-analysis）统计方法是对众多现有实证文献的再次统计，通过对相关文献中的统计指标利用相应的统计公式，进行再一次的统计分析，从而可以根据获得的统计显著性等来分析两个变量间真实的相关关系（林悦，2012）。元分析程序输入参数包括：各个观察到的相关系数（已有研究文献中变量间的相关关系），从而可以根据获得的统计显著性等来分析两个变量间真实的相关关系。

（5）多元回归：

多元回归分析主要分析因变量和自变量之间关系，其基本思想是尽管自变量和因变量之间没有严格的、确定性的函数关系，但可设法找出其中最能代表它们之间关系的数学表达形式。多元回归涉及的问题包括：①确定几个特定的变量之间是否存在相关关系，若存在则找出它们之间合适的数学表达式；②根据一个或几个变量的值来预测或控制另一个变量的取值，并且可知道这种预测或控制能达到何种精确度；③进行因素分析。如在对共同影响一个变量的诸多变量（因素）之间找出哪些是重要因素，哪些是次要因素，这些因素之间又有什么关系等。

（6）多元变量分析：

多元分析是指同时考虑多个反应变量的统计分析方法。其主要内容包括两个均值向量的假设检验、多元方差分析、主成分分析、因子分析、聚类分析和典范相关分析等。

统计学是一门专门的学问，就语言学领域而言，语言学本体研究领域和应用语言学领域都会用到统计学，研究生应认真掌握这一研究方法。

5.3 检索、整理文献

本节及下一节主要介绍如何检索、整理、阅读和追踪文献，以及如何撰写文献综述。这一步的工作较为艰苦，可称为文献工作阶段，其目的是综述文献。综述文献就是围绕选题回顾前人成果，即围绕已经确定的论文选题，回顾相关的理论和研究。

文献工作的意义重大，很有必要。如果没有这一步，论文内容很可能重复了别人已经做过的工作，等于白做；而查找的过程，也是启发思路、产生观点火花的过程，不走这一步，等于掐掉了自己新观点、新视角、新材料的来源。这也是为下一步做观点、角度、材料上的准备（陈力丹，2001）。

事实上，科研工作者一半以上的时间都花在文献工作上。根据美国科学基金会统计，一个科研人员花费在查找和消化科技资料上的时间占全部科研时间的51%，计划思考占8%，实验研究占32%，书面总结占9%。由上述统计数字可以看出，科研人员花费在科技出版物上的时间为全部科研时间的60%![1]

5.3.1 检索文献的意义、要求和方法

5.3.1.1 检索文献的意义

检索文献的意义很重大，这是必须经历的论文写作的准备阶段。前期的文献检索工作做得越充分，则后期的写作时间就越短。对于文科来说，最主要的一项工作就是做好文献检索。由于所涉及的抽样调查和大量访谈的可能性较小，同时也很少涉及实验，因此主要的研究工作是在前人研究的基础上提出自己的假设来论证，所以准备工作大多集中在文献检索方面。

5.3.1.2 检索文献的要求

文献检索也不是漫无目的的，在搜集和阅读文献时要满足以下四项要求：新、精、准、足。

（1）新：多关注最新的科研成果。在论文的参考文献中不可以没有最近的科研成果（近五年或近三年）。通常情况下要多看论文少看书，因为论文中的知识更新速度比较快，而书籍中的知识相对陈旧。多关注最新专业学术期刊上的相关成果；尤其是在开题之后尚有一年多时间，不应放弃这段时间里的最新成果。

（2）精：多看经典文献、权威文献和引用率高的文献。多看高层次文献，多看本领域大家的文献。这些文献通常站位高、观点新颖，语料也比较丰富可靠，作者的写作水平也很

---

① 转引自刘海涛老师2016年1月27日商务印书馆学术讲座“论文那些事”，数据源自美国科学基金会NSF（National Science Foundation），http：//www. nsf. gov.

高。更重要的原因是“输入决定输出”，而且先入为主，读了低水平文献不但无益还需要花时间“排毒”[①]。

（3）准：指多看针对性强的、紧扣论文题目的相关文献，在检索文献时不要无限扩大检索文献的背景。

（4）足：指文献的数量要充足，不要漏掉重要经典文献，尤其是不要漏掉国外的相关文献。参考文献代表着研究者对前人研究成果的把握程度，因此数量上不宜太少。

5.3.1.3 检索文献的方法

（1）首先以选题为中心，对广义领域的研究状况进行资料搜寻，然后缩小到选题本身较小的研究领域。如研究新闻语篇的结构，可先检索国际上有关语篇结构研究的文献，然后再缩小到国内，然后再缩小到新闻语篇研究领域。

（2）适当缩小搜寻范围后，应侧重了解已有研究成果的研究方法。看它们采用了哪些科研方法，有什么成功的经验，目前尚存在哪些问题。同时考虑它们没有采用哪些方法，运用这些方法能否产生新的结论等（陈力丹，2001）。

（3）对不同学派的研究情况展开摸底。多数选题在研究过程中难免会产生见仁见智的情况，在学科发展过程中会形成不同学派，检索时要全面了解并客观地分析这些学派的观点，比较并确定自己的基本观点和研究倾向。这一个步骤对于作者形成自己的观点，确定最终的研究取向非常重要。

（4）有计划地访问选题涉及领域中有成就的专家。上述

① 这是我的老师、中国社会科学院语言研究所的徐赳赳教授多次强调的。我的另一位老师、中国传媒大学的李大勤教授也坦言，如果参考文献中引用的是低水平文献，这篇论文的水平就被人看低了。

步骤检索到的主要是“死”材料，若有条件可直接访问相关领域的专家以获取“活”材料。这种访问有助于深化选题，亦是关键的一步。限于学力，研究生对文献的理解或者不深，或有遗漏，都可通过专家访谈来弥补①。

（5）分析前人研究空白和不够深入的地方。面对已有的材料和专家们的意见，需考虑两个问题：前人的研究中有哪些尚没有被涉及的空白；哪些虽然有所涉及但研究尚有进一步挖掘的余地。这两种情况均可作为进一步深入分析的突破口，可以成为未来论文的主攻方向。

（6）再考虑需要研究的新问题和新情况。在上一步的基础上，继续考虑前人没有涉及而现在又急需做出解释或得到解决的问题，这些地方有可能产出新观念或者新视角，比较容易得出新的研究成果。不过此时要重新估量自己的研究能力，常常面对新情况或新问题时需要较强的知识功底和科研能力。

（7）进一步有目的性地查找本学科的相关材料。选题的主攻方向确定之后，就需要有目的地深入查找相关材料。就语言学研究而言，此时要找寻的就是语言材料（语料），并且查找语料与撰写读书笔记（札记）同等重要。由此可见，材料工作与文献工作是互动的，并非做完一项工作之后再去做另一项工作。

（8）再次扩大搜寻范围，查找相关理论和研究方法方面的资料。不仅要查阅本学科的相关理论，还有必要了解所涉及的相关学科的理论与方法。一般说来，跨学科的研究有助于论

① 笔者在撰写硕士论文《现代汉语即兴口语生成的言语机制研究》时就拜访了著名汉语口语研究专家陈建民先生（中国社会科学院语言所研究员，著有《汉语口语》），获赠了许多陈先生尚未发表的资料。

文出新，采用一些其他学科的理论与方法也有助于增强论文的学术性。学界鼓励不同学科的交叉研究，因为这样的研究常常会带出新的研究视角，会为论文提供新的理论或方法[①]。这一点有些研究生忽略了，只在较狭隘的本学科范围内论证，局限较大。

以上文献检索的八个步骤，只是大体上规定一下如何进行材料的准备工作，实际上对每个人来说，检索的步骤顺序不会是一个模式。但是，凡是写得较规范、真正能够写出新东西的论文，大多经历了以上的准备过程。而论文不大成功的，检讨起来，多数都是在文献检索时功夫没下到。这方面的教训不胜枚举，研究生应引以为戒。

5.3.2 整理、使用文献的意义和方法

检索到的文献在价值上并非是一样的，在撰写论文之前，一是要对文献进行必要的梳理，二是要善于使用文献。这就存在一个如何整理文献、如何使用文献的问题。

5.3.2.1 如何整理文献

对文献的整理本质上是一个梳理文献的过程，下面简要阐述梳理文献的目的和方法：

（1）梳理文献的目的：

并非所有搜集到的文献都会用到论文中去，因此对文献进行梳理就是必要的。梳理文献的主要目的有三：梳理选题的历

---

① 如从语言学和传播学的角度解释法学领域的言辞证据问题，参看娄开阳：《试论语言学和传播学在言辞证据研究中的作用》，载《证据科学》2007年1-2合期。

史发展脉络；充分肯定前人所做的学术贡献和发现前人研究中存在的问题。最后一点是梳理文献的根本目的，是为自己的研究找到最终的突破口。

①其一，梳理选题的历史发展脉络。任何研究都不是凭空出现的，因此研究时要有历史眼光，要摸清选题的发展脉络。否则就无法对学术问题进行深入的研究。换言之，不仅要梳理该选题国内的研究历史及现状，还要梳理国际学术界对这一问题的研究历史与现状，这样才能全面把握该选题的基本研究状况。若在下笔之前不去梳理相关研究的历史脉络，结果很可能是低水平的重复，无法产生新意。

②其二，充分肯定前人所做的学术贡献。所有研究都是建立在前人研究基础之上进行的，完全没有前人研究基础的选题几乎是不存在的。在梳理文献时，要注意充分肯定前人所做出的学术贡献。学术传承必须要尊重历史，尊重前人。有些人为了抬高自己的研究，不惜忽视或者诋毁前人的研究，抹杀前人在该选题研究历史上所做出的贡献。这实际上是一种盲目自大的学风，既不符合客观事实，也不符合学术规范，应特别注意。

③其三，发现前人研究中存在的问题。这是文献梳理的根本目的，是为自己的研究找到最终的突破口[①]。如果前人对该选题的研究已经十全十美了，那么后人再选择该课题还有什么意义呢？因此，后辈学人就是对前人的研究展开梳理，从中找到此前研究中存在的缺陷与不足。这样才有可能深化前人的研究，弥补前人研究中的不足，这也才能真正体现选题的研究

① 这个问题已经在不同层面反复强调了多次，检索文献、阅读文献的主要目的就是要找寻前人研究的空白或不足（gap）。

价值。

（2）梳理文献的方法：

将所搜集到的所有文献都罗列出来，实质上并没有做到梳理，这种方法也是最不可取的。正确的文献梳理方法是：

①其一，选择高水平的经典文献。即选择代表学术发展水平的、发表在权威刊物上的论文。这些论文代表了学术发展的基本状况，不可以把那些发表在低端刊物上的文章都罗列出来。

②其二，选择代表性作者的论文。即选择权威学者或该领域是活跃在学界的作者的论文，这些论著同样也代表了学术发展的基本态势。

③其三，根据不同研究视角来梳理文献。即要结合你所研究的视角来选择论文。特别是所研究的具体问题，这样做的结果会大大缩小范围，有利于作者把握文献。

④其四，也可以在正文中梳理文献。除了在引言中阐述前人研究之外，在撰写正文的过程中也可以对具体观点进行文献追述。不过，这一方法要求对作者的要求较高，需要研究者十分清楚学术史上前人的学术观点，有较娴熟的写作技巧。

由此可见，检索和梳理文献的要求和方法是相通的，做文献工作时要时刻不忘“新、精、准、足”四个字。

5.3.2.2　如何使用文献

使用文献的要求与检索、梳理文献的要求相同，恕不赘述。下面主要介绍使用文献常出现的错误以及使用文献的要求。

（1）文献使用上常犯的错误：相当多的作者以为文章有

注就是使用了文献，这其实是一种误解。在使用文献上有以下几种错误倾向：

①罗列文献，在文献上凑数。即为文献而文献，罗列一大堆文献以显示作者的阅读量。这种做法是不可取的，在参考文献中必须只列与论题相关的文献，那些与论文关联度不高的文献应该舍去。通常的要求是，正文中出现过的文献在文后参考文献中一定要列出来；反之，在参考文献中出现的文献也一定要在正文中引用才行。

②张冠李戴，误解文献观点。即所引用的本来是张三的观点，但因不愿费工夫去查对原始文献，只是在二手文献中看到李四引用了该观点就认为此观点是李四的，最终出现了引证错误。这种错误实际上反映了治学不严谨，是不应该发生的。

③自引文献，回避其他研究。即在文后的参考文献中只引用自己的论文，有意忽略其他研究者的研究成果。这也是学风不严谨的表现，显示了作者的自傲。为了凸显自己的研究成果，不惜抹杀他人的观点与成就，无实事求是之心，有沽名钓誉之意。

（2）文献使用上的具体要求：

因此，在使用文献时必须老老实实，下足功夫，具体要求如下：

①切忌文献堆砌。不要通过堆砌文献来炫耀自己专业知识的广博，否则就难以体现论文的研究深度和严谨性，这样做的结果有可能适得其反。

②切勿张冠李戴，引用时一定要查对原始文献，切莫张冠李戴，弄错了知识产权。例如，胡裕树和张斌先生的著作很多是合在一起的，但有的作者没有去读他们的原作，而是从别人

的论文中直接转引过来，就有可能弄错。尤其是外文文献，更需谨慎，不宜在自己没有读过的情形下引用。

③慎用网络文献。网络文献主要是并非是经过学术把关的正式出版物，且容易失去网上链接，更非经过严格论证的学术观点。因而严谨的学术论文要特别谨慎使用。当然，对于权威机构网站、权威学术机构的官方网站以及国际知名研究机构网站上登载的已经正式发表过的文献是完全可以引用的。

④切勿想当然地使用文献。人的记忆有时是靠不住的，因此千万不可凭借记忆、不经查对就使用文献，这样很容易出现弄错出版时间、引用内容错误、页码错误、作者和译者错误等。这些都属于论文写作中的硬伤，应着力避免。切记“好脑子不如烂笔头”，文中引用的文献一定要自己亲自一一查对过才可以。

5.4　如何阅读、追踪文献

阅读论文要达到三个目的：第一个目的是了解内容，即了解自己不曾知道的新知识，这是最起码的要求；第二个目的是从论著中汲取营养，并努力把论著的内容转化为自己头脑里的知识。一个人的知识之所以能不断增长就在于能“转化”，但“转化 ≠ 认同”。第三个目的是发现问题。发现问题是读书的最高要求，但对一个研究者来说，必须这样要求（陆俭明，2011）。

总之，读文献的意义不仅在于了解前人研究概况，找出前人研究的缺陷与不足，更重要的是找寻自己论文的创新点。因此要想写出高水平的论文别无他法，只有大量地阅读文献：不仅要关注中文文献，更要注意阅读外文文献[①]。下面先阐述文献阅读的类型和原则；然后介绍单篇论文的阅读；最后介绍某一专题之下的多篇论文的阅读。

5.4.1 文献阅读的类型、原则

5.4.1.1 文献阅读的类型

根据阅读的目的不同，李宇明老师将文献阅读分为消费性阅读与生产性阅读两类：所谓消费性阅读是指阅读的主要目的是为了汲取知识或者满足教学之需；所谓生产性阅读是指阅读的主要目的不单纯是为了汲取知识而是为自己产出论文服务的。

在攻读学位期间，研究生需要完成两方面的任务，一是打基础，二是写论文，这两个任务都需要阅读大量的文献。陆俭明先生明确指出：在通过系统阅读有了一定基础之后，就应该转入到有针对性的、以论文写作为目的的阅读上来[②]。换言之，消费性阅读和生产性阅读都是需要的，但不能总是或者只有消费性阅读，最终还是要转到生产性阅读上来。阅读一定要有目的，带着问题去读，带着批判的眼光去读。

5.4.1.2 文献阅读的原则

文献阅读的原则是目的明确、有所选择。这不仅是文献阅读需要遵循的，同时也是整个文献工作需要注意的，即无论是

① 李大勤老师在笔者攻读研究生期间多次叮嘱要“读原著”，强调掌握国外研究动态的重要性。

② 这是我当面请教陆俭明先生时，先生亲口告诉我的（地点在陆先生家里，时间失记）。如有记忆不确之处，概由笔者本人负责。

检索、整理文献，还是阅读、追踪文献，都要有目的、有选择地进行，而不宜平均用力。这是因为不仅时间有限，无法阅读文献的全部内容或全部的文献资料，更是要提高效率，明白“有所为有所不为”的道理。

具体说来，文献阅读不能眉毛胡子一把抓，在阅读文献之前要先对检索到的文献做出选择：第一步，先选出最新的、高水平的文献。第二步根据与论题关系远近对这些文献做出二次归类，并注意做出标记。第三步根据文献的重要程度开始阅读。

5.4.2 单篇文献的阅读方法

5.4.2.1 文献阅读的顺序

一篇期刊论文，主要分成四个部分：摘要（Abstract）、引言（Introduction）、主体/正文（Main body，含 simulation and/or experimental examples）和结论（Conclusion）。

（1）摘要、引言介绍：对于刚入学的研究生而言，学会阅读摘要和引言很重要。下面简要介绍一下[①]：

①摘要（Abstract）：说明这篇论文的主要贡献、方法特色与主要内容。要学会只看摘要和引言便可以判断出这篇论文的重点和你的研究有没有直接关联，从而决定要不要把它读完。假如有能力在 30 篇论文中只根据摘要和简介便能筛选出其中最密切相关的 5 篇论文，就比别人的效率高五倍以上，具备了从更广泛的文献中挑出最具参考价值资料的能力。

②引言（Introduction）：其功能是介绍问题的背景和起源，

① 引自彭明辉教授的《研究生手册》。

交代前人在这个题目上已经有过的主要贡献，说清前人留下来的未解问题，以及在这个背景下这篇论文想解决的问题和它的重要性。对于初学者来说，从这里可以了解以前研究的概况。建议研究生，当对题目不熟时可搜集 30—40 篇相关论文，每篇都只读摘要和引言而不要读正文，直到能回答下面这三个问题：A. 在这领域内最常被引述的方法有哪些？B. 这些方法可以分成哪些主要派别？C. 每个派别的主要特色（含优点和缺点）是什么？

（2）论文阅读顺序：阅读大致遵循以下四步：①看题目与摘要：主要看是否与自己的研究内容相关；② 看前言、讨论：看文章的研究背景和基本观点；③ 看图表：看论文的主要内容，通过上述三步基本上对文章就大致了解了；④最后看方法与结论。

（3）分三遍阅读：文献阅读不要一头扎进去，而是要分三遍来读。第一遍：了解文章的一般观点。阅读顺序为标题、摘要和引言各部分的小标题，瞥一下结论和参考文献。第二遍：抓住文章的内容，但不是细节。第三遍：更深入地理解文章。并非所有的论文都需要详读，细读，需要慢下来细读的文献只是很小的一部分。90%的文章应该速读，“400 页/小时是学术领域生存的基本技能之一。”[①]

5.4.2.2 文献阅读的要求

读的时候要思考以下几点[②]：

---

① 这是刘海涛老师 2016 年 1 月 27 日在商务印书馆的讲座“论文那些事”中的观点。

② 这是福建师范大学陈祖亮教授告诉我的方法，在此谨致谢忱！

①论文：为什么选这篇论文，与自己所研究的课题有关吗？

②题目：吸引读者眼球和具有客观性吗？

③摘要：该文要解决什么问题？论文原创点在哪里？作者有何新发现？对学科发展有何影响？其局限性在哪里，有何缺陷与不足？

④引言：了解论题的背景及该论题的发展现状，存在和提出了什么问题，如何解决或者研究目标。

⑤材料与方法：在材料搜集、数据处理方面采用了哪些方法？如何理解这些方式、方法的正确性和可靠性？对你目前的课题可借鉴吗？是否思考过，你的方式方法是否可以从另一个角度解决作者的问题？

⑥结果与讨论：作者拿到的数据如何从不同角度说明作者提出的新观点或者解决问题，这些数据可以支持这些观点吗？结果与讨论的每一个小节前后写的逻辑性合理吗？相关性可以吗？是否能从不同角度说明作者的观点？你从中学到的学术观点写作技能是什么？

5.4.3 多篇文献的阅读方法

指确定选题之后，针对某个专题的多篇学术论文的阅读方法。

5.4.3.1 多篇文献的阅读顺序

面对某个专题的多篇文献，如何决定阅读顺序呢？通常是先读新资料，后读旧资料；先读文献综述，再读专题论文。下面分别介绍选定某个论文题目时的阅读顺序和涉足相关领域时的阅读顺序。

（1）确定具体论文题目时的阅读顺序：①首先，阅读权威期刊上权威学者撰写的综述类文章。此类文章的信息量较大且论述精辟，有助于迅速掌握相关研究的重点和难点内容，能帮助我们掌握该领域的总体方向和大致框架等。②其次，挑选最相关的文献进行精读。在精读的同时注意标记相关内容并做好札记，后期论文内容实际上就是这些读书札记内容的汇总、归纳与提炼。③最后，针对作者不同需要对论文所进行的泛读和跳读。

（2）涉足相关领域时的阅读顺序：①先读该领域的主流中文书籍：可读该研究领域的新书，以了解最近五年到十年的主要研究内容与成果。读后可迅速、全面地了解该领域的发展历史及研究近状，对本领域的专门术语和英文单词也有了概念。②再遍查最近三年本领域的中文期刊（尤其是综述）：通过阅读综述可了解该领域国内的最近研究进展以及国外研究者的人名与期刊名，为后续研究打下良好基础。③再查阅本领域的国外最新文献：根据之前所学习掌握的专业词汇、人名和期刊名，可了解国外同行在本领域的最新进展。照上述顺序阅读下去，不但会紧扣论文选题，而且可以大大提高阅读效率。

5.4.3.2 多篇文献的阅读方法

建议按照以下几个步骤来进行①：

第一步：通过关键词及文献综述找出最相关的30—40篇论文，并略读摘要和引言部分，判断这些文献的相关性与派别。

---

① 该方法引自彭明辉教授的《研究生手册》。

第二步：根据各派论文后面的参考文献将该派文献补齐。

第三步：逐派细读各论文的摘要及引言，标定该派特点与关键论文。

第四步：锁定最相关的一派，略读各论文的正文，标定各论文阅读次序。

第五步：初读正文部分，标定各论文主要假设、优点（创新点）与流程。

第六步：该派读完后，综述该派特点、优点、局限与缺点，标定最具价值的创新点与论文。

第七步：锁定次相关的流派，在该派内重复第四步工作。

第八步：综合前述资料，归纳该领域的问题特性，用更恰当的关键词搜寻补齐文献（重复第五步以来的流程）。

第九步：综合整理各派优缺点、主要创新点与关键论文。分析问题关键与突破的可能性，锁定最关键论文，进行以下工作。

第十步：针对最关键论文，深入分析其优点成立的前提，思考该前提可不可以再拓宽；再深入分析其缺点的起因，看在哪些条件下可以克服。

第十一步：整理前述结果，尝试提出自己的方法，综合前人优点，克服缺点，以突破或改善问题瓶颈。

上述这十一个步骤不仅可用于确定选题后的专题论文的文献阅读，也可以用于论文选题。这些步骤并不是一成不变的，可根据情况随时调整。

5.4.3.3 如何提高文献阅读能力

（1）在科研前必须弥补基础知识。这是看懂文献的基础，这种“弥补”不仅仅是对新知的汲取，更多的是一种“温故知新”。

（2）广泛阅读文献是支撑。硕士至少查阅600篇，泛读300篇，精读100篇，研读50篇。博士至少再多一倍，并始终关注国际动态。

（3）学会阅读文献，读懂文章。建议先读综述性论文再读研究性论文，先中后英；读10—20篇综述性论文后读研究性论文。拿到一篇研究性论文，先看标题，立即停住，问自己几个问题：①如果是由自己来写这个题目，会采用什么材料和方法，会从哪个角度切入？会做哪些内容来说明其标题？②明白他为什么要做这个吗？③如文章是近半年内发表的，该文章解决了什么问题，引出了什么问题（结合此前看的综述）？接下来仔细看摘要，就知道你的想法是否与别人吻合。再接下来看完结果，再思考全文有哪些缺陷与不足，有没有可以深入或拓展的余地。用心分析别人的缺陷与不足并想办法弥补它，那就成了自己的idea。记住：每篇文章几乎都有没有考虑完全的东西。

需要注意几点：①长期作战，持之以恒。只要长时间磨炼，肯定会有自己的idea出现。②把阅读论文时获取的idea随时用记事本记录好，存放在专门的文件夹中。③读了很多篇论文后，注意分类整理并归纳总结。不仅以后翻阅起来相当方便，也会将一些小想法融会贯通成大的想法。

5.4.4 追踪文献的意义、方法

5.4.4.1 追踪文献的意义

为什么要追踪文献？主要目的是为了避免自己的观点与别

人“撞车”，出现与别人的想法不谋而合的情况，因此有必要继续关注该领域的最新研究动向。在尽快发表自己出成果的同时，也要随时根据情况做出调整，避免“撞车”情况的出现。这就需要勤追踪与自己选题相关的研究团队或研究者，尽可能做到心中有数。要对相关的数据库定题、定词地定期搜索，以保证不漏掉每一篇重要的文献。

5.4.4.2 追踪文献的方法

科研工作离不开大量阅读文献，但有时候会遇到时间比较紧，无暇顾及全部文献的情况，也有时候遇到所关注内容属于研究热点领域，文献数量巨大的情况，没有办法全面阅读文献。如何解决这些问题？大致有以下几个解决办法（孙学军，2012）：

（1）文献跟踪：可以通过数据库来查询，如 SCI 数据库和 Goolge 学术都有引用文献跟踪。从即时性上来说，Goolge 学术相对较好，文献只要发表几乎都会被随时跟踪，不足之处是所追踪到的文献比较杂（如博客文献都可以追踪到）。从准确性上来说，SCI 数据库相对较好，不足之处是即时性较差，不少文献往往需要很长时间之后才会被收录。所以，我们的建议是多个数据库结合使用，这样既可以保证即时性也可以保证准确性。

（2）重点精读：指需要精读重点文献，重点文献主要包括两类，一类是综述性文献，对该领域对领先团队与代表性研究者所写的综述，一定要认真阅读。另一类是代表性文献，可反映该领域的关键进展，通常发表在顶级期刊上的。对重点文献不仅要全文阅读，而且应该反复阅读，仔细领会，最终全面把握该领域的最新进展。同时还要对一些重要进展进行总结和提炼，写成综述或评述，并根据新的进展提出一些自己的新思路和新想法，并实时调整、完善或补充自己的研究方案。

（3）定期回访：指经过一个阶段后，对该领域的文献再次进行全面的检索和分析，特别是近两年内的文献。回访的目的之一是避免一些好的文献被自己忽视，通过比较引用率可了解哪些文献是影响力较大的，这些论文往往是比较好的文献。回访的另外一个目的是对一些重要文献进行重新阅读，以达到“温故而知新”的目的。

科研人员应养成阅读文献的习惯，当然文献的阅读也要按章法来，否则在当前信息大爆炸时代，会陷入巨量文献“森林”的束缚。

5.5 如何写文献综述

文献综述，英文称之为“survey”“overview”“review”，是针对某一研究领域或专题搜集大量文献资料的基础上，就国内外在该领域或专题的主要研究成果、最新进展、研究动态、前沿问题等进行综合分析而写成的、能比较全面地反映相关领域或专题历史背景、前人工作、争论焦点、研究现状和发展前景等内容的综述性文章。它是科学文献的一种。一般认为，学术论文没有文献综述是不可思议的。

需要将“文献综述（Literature Review）”与“背景描述（Backupground Description）”区分开来。在选择研究问题的时候，需要了解该问题产生的背景和来龙去脉，这些内容属于“背景描述”，关注的是现实层面的问题，严格来讲不是“文献综述”。

5.5.1 文献综述概述

5.5.1.1 特点

文献综述有两个特点：一是“综”，即归纳性。二是“述”，即评论性。“综”是要求对前人的研究成果进行综合分析、归纳整理，简言之是对学术观点和理论方法的整理；“述”是要求对前人的研究成果综合整理后做全面、深入、系统的评述，尤其是要带着批判性思维来评论文献。总而言之，文献综述是对某领域或某个课题研究的历史背景、前人成果、争论焦点、研究现状以及发展趋势等内容进行评论的科学性论文。

5.5.1.2 分类

依据不同的标准可划分出不同的类别：

（1）根据论题大小可分为宏观综述与微观综述：宏观综述的范围涉及面较广，如某个领域、某个专业或某一大的研究方向；微观综述涉及的范围相对较小，通常就某个研究方向或某个细小的问题展开述评。宏观综述的立意高，范围广，深入不易；微观综述所谈的问题更为具体，相对易于深入。本文所谓的“踏查报告”基本属于宏观综述；而学位论文中的“文献综述部分”基本属于微观综述，单篇论文中的“引言”虽然较短但也属于微观综述。

（2）根据研究的性质可分为基本文献综述和高级文献综述：前者的研究目的是展现有关某个研究课题的现有知识，是对有关课题现有知识的总结和评价。它的目的是陈述现有知识的状况，这可以作为一个研究论题（thesis）。后者的研究目的是揭示一个研究问题，从而进行深入研究。基本文献综述必须包括：一个研究论题的发现、论者的观点，以及对研究问题的回答。高级文献综述比基本文献综述更进一步，是确立原创性研究问题的基础，也是对一个研究问题进行探索的基础。

5.5.1.3 目的

文献综述简言之有以下几个目的：①总结评述前人的工作，②了解当前研究现状，③分析存在的问题缺陷与不足，④指出未来的研究问题与发展方向等。

5.5.2 文献综述的内容

5.5.2.1 格式

文献综述的格式不同于一般的研究性论文，虽有多种格式，但通常都包含以下部分：①综述题目；②作者单位；③摘要；④关键词；⑤前言；⑥主题；⑦总结；⑧参考文献。其中前言部分、主题部分、总结部分和参考文献尤其重要，在撰写时可先按这四部分拟写提纲。

5.5.2.2 结构

常见的结构有年代序列式、学派发展式和货架问题式，这三种结构并无优劣之分，究竟该采用哪种结构，则完全取决于所研究的问题和现有文献的情况（韩映雄、马扶风，2017）。

（1）年代序列式结构：指将前人研究成果按照年代顺序依次叙述，类似于历史教科书。在每个研究年代或历史时期，分别阐明不同历史时期的主要内容和研究特点，并尽可能寻找和挖掘不同历史时代的特定影响因素。

（2）学派发展式结构：指将前人研究成果按照学派观点为主要脉络依次分别叙述。其中的结构安排既可以有并列式（即学派 A、B、C、D 相对独立叙述）；也可以有交叉式或分叉式的（即学派 A 中衍生出学派 B，或学派 A 和学派 B 结合生成学派 C 等）。

（3）货架问题式结构：指将前人研究成果归纳为几个主要议题依次分别叙述。议题的设定主要取决于作者所关注的问题及其界限，期间可以有逻辑关系，但也可以相互间的逻辑关系很弱。换言之，此类结构的综述在取材上常常因人而异。

上述不同结构并无优劣之分。究竟该采用哪种结构，事实上并无固定的原则或要求，这完全取决于所研究的问题和文献的现状。

5.5.2.3 内容

文献综述的内容包括：①研究意义；②研究背景和发展脉络；③目前的研究现状；④当前研究中存在的问题缺陷与不足；⑤未来的研究内容和发展方向；⑥自己的见解和感想。

5.5.3 文献综述的写法

撰写综述同常要经过六步：选择主题、文献搜索、展开论证、文献研究、文献批评、综述撰写（马奇等，2011）。

5.5.3.1 第一步：选择主题

如何选题已经在第四章中详细阐述过，此处不过多赘述。文献综述的主题当然是由论文的选题来决定的，初次撰写文献综述时题目宜小一些，这样所需查阅的文献数量相对较少，也易于归纳整理；否则题目选得过大，不但文献不易查全，后期的归纳整理也较为费时费力。

5.5.3.2　第二步：文献搜索。

题目确定后则要围绕题目进行文献搜集。相关检索方法可参看前面有关章节的介绍，需要注意的就是不要忘记“新、精、准、足”四大原则。文献搜集好之后，就需要对这些参考文献进行归纳、整理，从中选出具有代表性、科学性和可靠性的重点文献。

5.5.3.3　第三步：展开论证

要成功地论证主题，就需要确定文献综述的结构，是按照年代、学派还是议题来阐述？这就需要设计一个论证方案，对相关内容进行逻辑安排，对相关资料加以组织。这属于顶层设计的范畴，很大程度上决定着文献综述最后的总体水平。

5.5.3.4　第四步：文献研究

文献研究即要对检索到的资料进行集中、综合和分析，从而建立起探究式论证。依据证据，建立一系列合乎逻辑的、可信的结论和论断。这些结论就是阐释研究问题的基础。

5.5.3.5　第五步：文献批评

文献批评即对前人研究成果的评判，分析前人研究的长处和创新点、缺点与不足，分析先前的成果是如何回答研究问题的。因此，在阅读文献时注意要写好“读书笔记”“读书报告”，把自己阅读时得到的启示、体会和心得，及时记录下来。这样，当有了一定的积累之后，写起综述来就不太费力。

5.5.3.6　第六步：综述撰写

如前所述，文献综述一般都包含前言部分、主题部分、总结部分和参考文献四部，下面分别来介绍：

（1）前言部分：主要是为了说明写作目的，需要首先界定综述的范围，介绍相关概念；同时扼要说明有关主题的研究现状或争论焦点，使读者对后续问题的轮廓有个初步的了解。

（2）主题部分：即综述的主体，没有固定的格式，可按年代、学派和议题来分别综述。但不管使用哪种结构，都要将所搜集到的文献归纳、整理及分析比较，阐明有关主题的历史背景、研究现状和发展趋势，特别是对相关问题的评述。

（3）总结部分：类似于研究性论文最后的小结，主要内容是扼要总结全文，同时提出对该论题的看法和见解。

（4）参考文献：是文献综述的重要组成部分，应认真对待。它是文中引用文献的依据，体现对被引用文献作者的尊重，同时也为后来的研究者提供了进一步阅读的线索。因此，参考文献的内容应准确无误，编排应条目清楚，便于检索查找。

5.5.4　文献综述的要求

文献综述不同于一般的研究性论文，也不同于读书报告，在撰写时应注意以下几个问题：

（1）所选题目不宜过大、范围不宜过宽，提倡小题大做。

（2）文献应尽量全，全面掌握文献资料是写好综述的前提。

（3）注意所引用的文献应具有代表性、可靠性和科学性。

（4）应说明主题的发展历史，前人的主要研究成果，存在的问题及发展趋势等。

（5）引用文献要忠实于文献内容，应分清作者的观点和文献的内容，不能篡改文献的内容采用的文献中的观点和内容均应注明来源，模型、图表、数据均应注明出处。

（6）参考文献绝不能省略，而且应是文中引用过的，能反映主题全貌的并且是作者直接阅读过的文献资料。

（7）文字表达要条理清晰，通顺简练。

总之，好的文献综述应有较完整的文献资料，有评论分析，并能准确地反映主题的内容。

第六章

找创新点

科研贵在创新，创新也是论文的精髓，没有创新性的论文是没有价值的。

本章首先概述学术创新，阐述学术创新的含义以及学术创新的途径；然后阐述学术创新的多种方法，包括新视角、新领域、新高度、新阐释、新思路、新探索、新融合、新理论与新价值。最后讨论如何寻找创新点，包括通过分析语料寻找创新点和通过阅读文献寻找创新点等多种方法。

6.1 学术创新概述

6.1.1 创新的含义

6.1.1.1 基本含义

创新是指以现有的思维模式提出有别于常规或常人思路的见解为导向，利用现有的知识和物质，在特定的环境中，本着理想化需要或为满足社会需求，而改进或创造新的事物、方法、元素、路径、环境，并能获得一定有益效果的行为。创新是以新思维、新发明和新描述为特征的一种概念化过程。其起源于拉丁语，有三层含义：第一，更新；第二，创造新的东西；第三，改变。（郑太雄等，2016）

6.1.1.2 哲学解释

创新是个很复杂的概念，不同学科对其均有解释。从哲学上来说，创新是人类特有的认识能力和实践能力，是人类主观能动性的高级表现，是推动民族进步和社会发展的不竭动力。创新从哲学上说是一种人的创造性实践行为，这种实践为的是增加利益总量，需要对事物和发现的利用和再创造，特别是对物质世界矛盾的利用和再创造。

6.1.1.3 社会学解释

从社会学上来说，创新是指人们为了发展需要，运用已知的信息和条件，突破常规，发现或产生某种新颖、独特、有价值的新事物、新思想的活动。创新的本质是突破，即突破旧的刻板印象，旧的常规戒律。创新活动的核心是“新”。

6.1.1.4　经济学解释

从经济学上来说，创新是指以现有的知识和物质，在特定的环境中，改进或创造新的事物（包括但不限于各种方法、元素、路径、环境等），并能获得一定有益效果的行为。经济学上创新概念的起源是美国经济学家熊彼特，他认为创新是指把一种新的生产要素和生产条件的“新结合”引入生产体系，包括五种情况：①引入一种新产品；②引入一种新的生产方法；③开辟一个新的市场；④获得原材料或半成品的一种新的供应来源；⑤新的组织形式。

上述这三个学科对创新的理解均有助于学术创新的深化与实现。

6.1.2　学术创新的含义

学术创新意指学术研究要创造出新的东西：①发明出新范式或新方法；②孕育出新思想或新见解；③发掘出新材料或新证据，一言以蔽之——创造新知。

6.1.2.1　学术创新的种类

依照学术创新的定义，以下几种情况均可称为学术创新：与前人相比，①发明了新的研究范式或研究方法；②发表了新的学术思想（理论）或学术观点；③发掘了新的研究材料或新的学术证据。简言之，学术创新包括但不仅限于新范式、新方法、新思想（理论）、新观点、新材料和新证据。

6.1.2.2　学术创新的条件

为了真正实现学术创新，必须具备两个条件：①学术标准上的门槛要高，学术品德要高尚，学术风气要良好，学术方法要科学，学术态度要严谨；②学术探索上的门槛要低，提倡“百家争鸣，百花齐放”，允许学者自由探索，发挥想象力。因此，实现学术创新最重要的条件是良好的学术环境，使研究者保有陈寅恪先生提倡的“独立之精神，自由之思想”。

6.1.3 学术创新的途径

陆俭明先生指出：“科学研究贵在创新”[①]。怎样学术创新？要做好三件事：第一件事，善于发现问题；第二件事，努力挖掘事实；第三件事，加强理论思考。

6.1.3.1 善于发现问题

发现问题的能力比分析解决问题的能力更重要——“发现问题”是科学研究的起点，也是在科学研究上能获得成果的起点，而且也可以说是对以往研究成果的补充、扩展、深化。如何培养发现问题的能力呢？

（1）注意从书本上去发现问题：这里说的“书本”包括专著和论文。要通过读书实现知识的转化并发现问题所在。实现转化和发现问题的关键有二：一是要勤于思考，要不断思索“为什么”“怎么样”“行不行”“这样合适吗”“是否有例外”等问题。二是不要盲从，更不要迷信。如马真先生的论文《说“也”》就是发现前人的某些论述不准确，才发现了研究的问题。[②]

---

① 这是陆俭明先生2010年8月13日在北京师范大学中国语言学暑期研讨班上报告的题目。

② 参看马真：《说“也”》，载《中国语文》1982年第4期，见本书附录四。

（2）注意从实际语言生活中去发现问题。牛顿提出“万有引力”定律，瓦特发明蒸汽机，都是从实际生活中发现问题，进而研究成功的。如陆先生的论文《汉语口语句法里的易位现象》[1] 就来自语言生活；另一篇论文《由指人的名词自相组合而成的偏正结构》，就是在实际语言生活中由对“父亲的父亲的父亲”这一偏正结构的不同切分而发现的问题。[2] 从语言实践中发现问题的关键是有心、用心。

6.1.3.2　努力挖掘事实

发现问题之后，要去分析问题、解决问题。分析问题、解决问题离不开语言事实的挖掘和自觉的理论思考。这是科学研究得以创新的两个基本要素，也是科学研究得以创新的前提，而这两者往往是互为因果的。

在挖掘语言事实时要注意两点：首先要去除语言事实“挖掘得差不多了”这一糊涂想法；其次要注意事实有真伪之分。这里先要指出语言事实有显性与隐性之分，语言事实的挖掘与自觉的理论思考是互为因果、互动的。

6.1.3.3　加强理论思考

陆俭明先生关于自觉的理论思考曾谈过四点意见（邵滨等，2010；陆俭明，2012）：

（1）首先要有理论意识。学术上的创新点，常常一开始可能只是一个稍纵即逝的闪光思想，如不把它抓住，不将它固定下来，可能就失去了；抓住了，固定下来形成观念和想法，进而升华为理论，就可能形成创新点。

---

① 载《中国语文》1980 年第 1 期。

② 载《中国语言学报》1985 年总第 2 期，见本书附录五。

缺乏理论意识让我们吃了大亏。目前语法研究中的许多理论方法，就其基本观念来说，在我国 20 世纪 20 年代到 40 年代的汉语语法论著里就已经有了，有的甚至已经说得很具体。遗憾的是由于理论意识薄弱，都没能升华，形成相对完整的理论，并推向世界。结果，许多理论方法的“发明权”都让给了后来的外国学者。

（2）在理论方法上必须坚持多元论。必须认识到，语言现象是极端复杂的，而我们现在只是看到了它冰山的一角。一种新的理论方法的出现和运用，可以解决已有的理论方法所无法解决的某一个或某些问题，可以解释已有的理论方法所无法解释的某一个或某些方面的现象。但是它也只能解决某一个或某些问题，只能解释某一个或某些方面的现象，不可能解决所有问题、解释所有的现象。不可能包打天下。

这也就是每种理论方法的局限之处。已有的分析理论与方法的局限，促使新的分析理论方法的诞生和运用。新的分析理论方法的诞生意味着研究的深入与发展，但并不意味着一定要摒弃原有的理论方法。新老分析理论与方法，彼此实际是一种互补的关系。

（3）要正确对待国外的语言学理论。自乔姆斯基（N. Chomsky）提出生成语法学理论以来，这半个多世纪国际上语言学的发展极为迅速，形成了形式、功能、认知等不同学派，出现了前所未有的百家争鸣的可喜现象，互相碰撞的结果是新理论、新方法不断涌现，层出不穷，极大地推进了语言研究。

现在无论形式、功能、认知的语言学理论并不只是从印欧语总结归纳出来的；也并不都是从现有形态语言总结、归纳出来的。再说，现在普遍承认人类语言有一定的共性，因此各家各派都将探索人类语言共性作为自己的重要研究任务。只是研究的视角、研究的期望值各有所不同。这决定对当前国外理论的基本态度应该是学习、借鉴、为我所用。

如果能很好地利用这个有利的国际环境，汉语研究会发展得快些、好些。遗憾的是目前存在着两种偏向：一是对国外各种各样的语言学理论方法在没有深入学习、了解，没有真正看懂、吃透的情况下，随意引用，表面追随，造成某些贴标签的不良风气。二是对国外各种各样的语言学理论方法在没有深入学习、了解，没有真正看懂、吃透的情况下，持一种轻视甚至贬斥的态度，呈现一种狭隘的民族主义情绪 。这两种偏向都不利于汉语研究的学术发展。

（4）要重视假设。在科学研究中，归纳和假设都需要。在当前假设的观念普遍薄弱的情况下，提倡假设可能是更需要的。在科学领域内，无论过去和现在，许多重要的突破都离不开科学的假设。汉语音韵学里的“零声母”假设，语音学里“音位”的假设，在语音研究中，在汉语语音研究中，起了重要的作用。爱因斯坦说：“科学的创造性工作的重要特色是，先有理论预言某些论据，然后由实验来确认它。”

已有的结论或看法，都只能说是一种假设性的结论或看法；随着研究的逐步深入，其中有的将会被证明可以确认为定论，而大多数的结论或看法，将会被修正，甚至被完全放弃。“继承，借鉴，怀疑，假设，探索，求证，循环往复，螺旋式上升。”这可以说是科学研究发展的必由之路，这也是语言研究，包括汉语研究发展的必由之路。

研究成果，是否属于创新性成果，特别是理论、方法方面，是否属于创新性理论、方法，根据什么？这主要得看那个理论方法在解释语言现象上、在解决语言问题上，其深度和广度是否能超越已有的理论方法。[①]

6.2 学术创新的方法

学术创新的方法是与学术创新的种类相对应的，除了前述的新范式、新方法、新理论、新观点、新材料和新证据之外，还包括新视角、新领域、新高度、新阐释、新思路、新探索、新融合和新价值等。[②] 下面简要从以下几方面阐述学术创新的方法（董泽芳，2008）：

6.2.1 领域上的新探索

填补学科空白或许是所有学术创新中最大的创新了，其实质就是对全新领域的探索。探索未知领域就是指研究前人没有研究过的领域，这不仅需要极大的勇气，也需要较强的科研素质。怎样才能大胆探索新领域？第一要有伟大的抱负。研究境界不仅限于获取文凭、拿到学位，而是为了探求真理、求得真知。第二要有求实的精神。在科研过程中要有科学的态度，学位论文必须经过认真准备和理性思考。第三要有创新的意识。即在研究过程中善于独立思考，不唯书不唯上，有敢于冒险的勇气。

---

① 上述是陆俭明先生的观点，据先生 2010 年 8 月 13 日在北京师范大学中国语言学暑期研讨班的讲座“科学研究贵在创新”整理而成。如有谬误，概由笔者本人负责。

② 学术创新的方法与上述学术创新的途径略有重复之处，是从不同角度阐述的。

6.2.2 视角上的新观察

如果能跳出前人研究的窠臼，从新的视角来观察问题、分析问题，也是一种很重要的创新。我的导师李宇明老师在训练我的时候建议先从分析语料入手，而不鼓励先读文献，其主要目的就是避免被前人的观察视角所束缚，希望能另辟蹊径，以引出新的发现。如何才能转换观察视角呢？首先，要拓宽学术视野。目前学界非常提倡跨文化的研究，其意义就在于此。笔者曾从语言学和传播学的角度来分析法学研究中的言辞证据，破解了法学界关于言辞证据界定困难的迷局，就是一个例证（参看拙文《试论语言学和传播学在言辞证据研究中的作用》，载《证据科学》2007 年 1-2 合期）。其次，要打破传统思维。人的思维会有定式，一般人比较注重综合与比较，喜欢运用人们掌握的一般原理法则去分析事物。而创造性研究必须运用发散性思维，不遵循惯常的逻辑法则，只有这样才有可能获得新发现。

6.2.3 思路上的新布局

论文的创新也体现在论文写作的创新上，要使论文的摘要、关键词、绪论、正文和参考文献都符合规范。同时在符合规范的基础上努力使论文在谋篇布局上有所创新：一是结构出新意。毛泽东主席“提出问题-分析问题-解决问题”的思路，但如果所有人都采用这一结构就无法出新，因此要在结构上想办法推陈出新。二是标题显特色。标题要能准确地反映所研究的主题，但也要尽量追求生动传神，有意境美，使人读后有耳目一新之感。三是语言展个性。指在行文上也要讲究句法雕琢，展示独特的语言个性，使语言不仅生动形象，而且富有启发性。

6.2.4 方法上的新探索

研究方法是衡量学术水平的标志，高质量的学位论文离不开研究方法的创新。不过要想在研究方法上出新并不容易，那么如何在研究方法上创新呢？首先，批判性继承本学科传统的研究方法。古为今用，传统的研究方法也可以继承发扬，运用到当今的研究中来。因此应吸收本学科前人科学研究的精华，合理扬弃传统研究中的研究方法。其次创造性移植其他学科的研究方法。如语言学研究中心理语言学和神经语言学的研究方法，就是借鉴了心理学和现代医学中的一些方法，利用核磁共振等仪器来研究语言，就是典型的研究方法上的创新。最后自创新的研究方法。以语言学学科为例，在借鉴学习其他研究方法的基础上，形成独特的研究方法，如计量语言学等研究方法。这方面典型的例子是张宝林教授的大作《“回避”与“泛化”》，该文采用了与传统研究不同的语料库语言学的研究方法，基于大量的统计数据，得出了与众不同的观点，非常值得借鉴。

6.2.5 选题上的新高度

好的论文选题是成功的一半，如果选题的立意高远则容易产出新成果。此处的“新高度”指：一是指论文的起点高，所研究的问题处于学科前沿；二是价值高，该选题有可能获得理论与方法上的突破；三是难度高，前人很少涉及该选题，且可资参考的文献材料较少。具有这三大特点的选题，才是富有挑战的选题，产生创新的成果的概率当然也就大。如何使选题具有新高度？首先要有问题意识。崔希亮老师多次强调论文要有问题意识，要能解决理论上或实践中的问题。其次要紧跟学术前沿。要把握学术发展的方向，关注对理论和实践都能产生影响的问题。无论是理论前沿还是实践前沿，都要深入实践前沿，结合理论研究和社会实践。最后创新目标要明确。在论文选题、研究视角、研究材料、研究方法和最终结论上都要目标明确，追求创新。

6.2.6 概念上的新诠释

在撰写论文之初，先要界定概念术语，如果对传统概念有新的阐释，也算是创新的一种。如何重新阐释概念呢？概念术语的创新一般有三种形式：一是创立的新概念。当前的社会变革使汉语国际教育领域出现了许多仅靠已有概念无法解释清楚的现象和问题，这就需要根据新的实际创造出新的概念，如随着我国汉语国际教育硕士规模迅速扩张，如何通过改革研究生课程体系来提高研究生质量问题，已成为社会关注的焦点。二是拓展概念的新内涵。如“对外汉语教学”已经拓展为“国际汉语教学”，“汉语国际推广”也已转换为“汉语国际传播”，概念的拓展带来了理论的创新。三是赋予概念以新特征。如李宇明老师在《论母语》① 中指出“母语”本质上是一个民族学概念而非语言学概念，母语指本民族语。这一解释赋予了概念新的特征内涵，厘清了过去的错误认识。

① 参见李宇明：《论母语》，载《世界汉语教学》2003 年第 1 期。

6.2.7 学科上的新融合

凭空产生创新很难，当前的重大原创性科研成果大多是多学科交叉融合的结果。如在334项诺贝尔自然科学奖的成果中，有近半数的获奖项目是多学科交叉融合的结果。这就是跨学科研究的意义所在，朱德熙先生早就告诫年轻学子，不要画地为牢，要注意开阔学术视野，但目前大部分研究生还是习惯于掌握现成的知识，难以做出原创性的研究成果就是必然的。

6.2.8 理论上的新突破

理论创新或许是所有创新中要求最高的，不少研究者或许不缺乏探索新领域的勇气，但要想提出新的理论是非常难的。理论创新具体表现在以下三个方面：一是提出了有价值的新观点。指在理论或实践上能发前人所未发，言前人所未言，有了新的结论，这属于开拓性创新。二是匡正了前人的谬误。指在研究中弥补了前人的不足，在纠正了前人的错误观点，形成了否定性创新。三完善了前人的理论。指尽管未提出与前人不同的全新观点或结论，但在前人研究基础之上将研究推进一步，补充了前人已有的理论或观点，实现了前进性创新。

6.2.9 成果上的新价值

与上文相对应，学位论文创新的价值也不相同：一般来说创新有三个层次。第一层次是自我建构新理论，这是最高层次。这种建构有填补理论空白的作用，是理论价值中最高的研究成果，当然也最难。第二层次是修正原有的理论，与上文的匡正前人谬误相对应。也是很有价值的，相对容易一些。第三层次是发展原有理论。与上文的发展前人理论相对应。全盘推翻前人，提出自己全新的观点当然很不容易，但若能在原有理论研究基础之上，将原有的理论向前推进了一步，也是一种可贵的创新。

总而言之，创新是学术论文的精髓，也体现在方方面面。只要研究者从不同角度和不同层面找到合适的切入点，就有可能达到创新的最终目标。

6.3 获得创新点的方法

学术创新具体体现在创新点上，创新点的好坏决定着论文的水平和档次。创新点又叫闪光点，就是好的想法（good idea）。获得好想法至关重要，论文主体部分就是由好想法这一创新点生发开来的，围绕着创新点这个核心就可以形成主体部分的一章。

前文所述支撑论文的“一个中心（论题），两个基本点（材料与文献）”，其重要目的就是找到创新点：论题只是论文的研究对象，创新点才是论文研究的内容。而以学位论文为例，一篇硕士论文至少需要有 2—3 个创新点，一篇博士论文则需要有 3—4 个创新点。那么，按照“宽打窄用”的原则，硕士研究生在研究过程中至少需要有 5 个创新点才够用。因此，可以说研究生撰写论文的过程就是寻找创新点的过程：找到创新点就可以完成论文，否则就难以成文。

6.3.1 对创新点寻找的统筹规划

既然硕士研究生至少需要有 5 个创新点，那么寻找创新点的过程就不能是漫无目的、毫无规划的。如何规划创新点的找寻？建议按照以下步骤进行：

6.3.1.1 明确目标

先要搞明白学术创新包括哪些？如前所述，包括但不限于以下几方面：新范式、新方法、新理论、新观点、新材料、新证据、新视角、新领域、新高度、新阐释、新思路、新探索、新融合和新价值等。

其中，有些“新”是互有交叉的，或者说是同一件事不同角度的表述，如“新探索”很可能就是对“新领域”的探索或者是对旧问题的“新阐释”。不管怎样，研究者对创新点出现的形式要做到心中有数，这样才可能在未来的研究工作中目标明确。简言之，治学过程的核心工作就是创新，所有工作都要围绕着上述诸多创新形式进行，与创新无关的工作要不做或少做，否则就是做无用功，会降低科研效率。

6.3.1.2 摸清现状

“新”是相对于“旧”而言的，即上述诸多学术创新形式是相对于学界的研究现状而言的。就已经选定的论题来说，论文要出新，就必须摸清：

(1) 现有的研究范式是什么？

(2) 目前使用的研究方法是什么？

(3) 目前流行的理论是什么？

(4) 目前的主要学术观点是什么？

(5) 目前使用的研究材料是什么？

(6) 目前的主要证据是什么？

(7) 目前采用的研究视角是什么？

（8）目前的研究领域是什么？

（9）目前达到的研究高度是什么？

（10）目前是怎么阐释观点的？

（11）目前的研究思路是什么？

（12）目前所做的探索是什么？

（13）目前尚未融合的领域、材料和方法是什么？

（14）目前的研究价值是什么？

摸清当前研究现状也就是撰写文献综述的意义所在。不少研究生在开题或答辩时也阐释自己有诸多创新之处，却未给出前人研究现状的参照，显得不能令人信服。

6.3.1.3 归类分层

归类分层是指要对上述诸多创新形式进行类别划分和层次划分：

（1）创新形式的归类：按照内容大致可分为八类：

①研究对象：新领域；

②研究材料：新材料、新证据；

③研究方法：新范式、新方法；

④研究角度：新思路、新视角；

⑤研究内容：新阐释；

⑥研究结论：新理论、新观点；

⑦研究水平：新高度；

⑧研究意义：新价值。

新融合属于更为复杂的创新形式；而①—⑤的创新形式均可称为新探索。

（2）创新形式的分层：指同一类学术创新形式，所处的层次水平不同，如：

①同样是研究方法，新范式的层次要高于新方法。

②同样是研究角度，新思路的层次要高于新视角。

③同样是研究结论，新理论的层次要高于新观点。

研究者对此要有所了解，主要目的是要明白学术论文的创新程度，而在所有的学术创新中最高的层次是“填补空白”。因此，研究者在阐述学术论文的创新点时要慎用“填补空白”一词。

6.3.1.4 由小至大

“九层之台，起于累土；千里之行，始于足下”，大的学术创新也是靠一点一滴积累而来的。因此，研究者一定要注意日常的细小积累，由小的创新点开始，由浅入深，逐步提高创新层次。当一个个思想的火花积累到一定程度的时候，就可以串成一串串耀眼的“星星”。

6.3.2 获得良好想法的基础前提

要想获得 good idea，作为研究生需要至少拥有三大基础：敏锐的科研观察能力（科研素养）；较强的语料分析能力（语料功夫）；高效的文献阅读能力（文献功夫）。当然这些都是建立在扎实的学科基础之上的。下面主要介绍如何培养敏锐的科研观察能力，其余两项能力将在下面两节中详细介绍。

敏锐的科研观察能力即拥有敏锐的科研嗅觉，是科研素养方面的要求。优秀科学家要具备敏锐的科研嗅觉，而这种敏锐性是经过长期的思考和实践获得的。可以从以下几方面培养科研的敏锐性，获得 idea：

（1）多与同行探讨：经常跟专家、博士后或高年级博士等有思想的人讨论并从中获得启示，也容易出 idea：因为面对面的双向交流的效率要远远高于单向的文献阅读。

（2）多听学术报告：可了解最新的研究动向、研究内容、研究方法和研究结论。

（3）大量阅读文献：已经强调了很多遍，几乎成了研究生的日常生活。

（4）关注相关领域：涉猎相关专业的书籍、杂志等信息，可从中获取交叉创新想法。

（5）回顾以往课题：总结感兴趣领域内尚未探讨过但很有意义的课题，或许当年限于科研条件未能深入展开，而现在已经具备条件了。

（6）总结热点话题：梳理争论性很强的问题，反复比较研究方法和结论，从中发现切入点。

（7）碰触难点问题：抓住科研过程中遇到的难以解释的问题，往往会成为思维的闪光点。

总之，为了找到创新点要时刻想着你的论文，走路、吃饭、睡觉、如厕时几乎都在想着如何才能发前人所未发——只有这样才算进入了状态。

6.3.3 通过分析语料寻找创新点

6.3.3.1 语料分析的流程

前面第五章已经说过，建议在确定选题之后就开始分析语料而不是查阅文献。在分析语料的过程中掌握语料分析技巧，在语料分析过程中加深对研究对象的认识，在语料分析过程中也会冒出很多火花，这些火花就是最原始的 idea。根据笔者本人的经验，这些想法（idea）通常会在语料分析时出现，而且常常是稍纵即逝。建议按照以下的步骤获取创新点：

（1）第一步，随时记录。要随时把脑海中出现的想法记录下来。可用计算机中的记事本以方便存储和复制，然后存入单独的文件夹中。记录时只需把内容记下来即可，不必有太多格式上的要求，也不必强求逻辑上的通顺。注意将文件夹保存到云盘等安全之处，以防计算机出现问题丢失资料。

（2）第二步，归纳整理。当所记录的记事本达到一定数量之后，要注意把已有的想法归纳整理一下。通常在积累了一定数量的想法之后，脑海中也会出现模糊的归类，此时有必要系统梳理一下。通过梳理，会出现较大的想法——创新点会由碎片状态开始融合。

（3）第三步，扬弃选择。通过归纳整理之后，会得出一些“比较像样”的初步想法，但并非所有的想法都可以成为论文中的创新点，这就需要做出遴选。

6.3.3.2 想法粗选的标准

如前所述，上面两步之后得出的想法还只是初步的想法，只有将这些想法丰富、完善、论证之后才有可能“孵化成”创新点。没必要也不可能将所有的想法都送入“孵化器”，这就需要选择，这一遴选是初选也是粗选。遴选步骤如下：

（1）第一步，剔除“坏蛋”。有些想法明显是错的，语料分析之处没有意识到，后来已经可以明确肯定是不能用的，当然要剔除。

（2）第二步，剔除“毛蛋”。有些想法有一定价值，但可以预见的是，限于语料或其他科研条件，目前该想法无法最终“发育成形”，因此也建议忍痛割爱。

（3）第三步，优中选优。剩下的就是目前看来有可能“孵化”成功的好想法。但即便如此也不可能全部“孵化”，因此需要再次优中选优：把特别好的想法留下来，剔除质量一般的想法。与前两步不同的是，这次剔除的想法是有可能成为创新点的，建议放入储备库文件夹中，以备将来研究之用。

需要说明的是，这还仅是初选，还不是最终要写入论文中的想法；还需要等文献阅读后进行二次遴选。这方面的典型代表是陆俭明先生的大作《由指人的名词自相组合造成的偏正结构》，该文语料丰富，论证严密，是通过语料分析获取创新点的典范。①

6.3.4 通过阅读文献寻找创新点

就文科而言，相当一部分时间还是在读文献，因此从文献中发现创新点就是文科论文最常见的途径。事实上，整理、阅读文献的过程就是发现新信息、获取新资料、产生新观点和形成新思路的过程，这些创新点对学位论文的创新产生着直接影响。

6.3.4.1 如何提高文献分析水平

文献分析的水平越高，所发现的创新点就越多。分析文献时应注意：

（1）寻觅新资料。新的资料本身就是一大创新，这一点

---

① 参看陆俭明：《由指人的名词自相组合造成的偏正结构》，载《中国语言学报》第2辑，商务印书馆1985年，见本书附录五。

充分反映在史学研究和方言研究中。著名学者傅斯年曾说："所谓史学便是史料学，有一分料出一分货，有十分料出十分货，没有料便不出货。"

（2）发现新问题。如果可以通过对文献的归纳与分类、概括与比较、提炼与反思，发现前人未涉及的空白点，或者当前研究中争论的焦点，就等于发现了新问题，就会获得课题研究的新生长点。

（3）提出新思路。如果能突破传统研究的思维定式，跳出前人研究的藩篱和窠臼，另辟蹊径，就有可能提出研究的新思路。因此，在治学时要注意变单一思维为多向思维，变正向思维为反向思维，这样就会得出新的结论。

（4）捕捉新思想。新思想的出现不是一蹴而就的，真正佛家所谓的"顿悟"的情况极其少见，多半的情况还是对问题的"渐悟"。因此，对于研究者而言，必须善于捕捉和积累生活中细微的思想火花，最终才能集腋成裘，形成自己的新思想。

6.3.4.2　如何通过阅读文献获取想法

有三种方法帮助研究者在阅读文献时产生新想法：

（1）弥补前人缺陷。前文说过，在阅读文献时要带着批判的眼光去读，论文写作就是要具有批判意识。因此，即便是经典论文，也不可能是十全十美的，必然有其局限性。研究者在阅读前人文献时就要时刻想着前人的研究有哪些缺陷与不足，自己如何去弥补。长此以往，必然会有新的想法产生。

（2）提出新型方案。在阅读之前最好读了题目之后就掩卷而思，如果是自己，拿到这个题目之后会提出什么解决方案？在阅读的过程中，也可以不断思考，自己可否提出比论文中出现的更好的研究方案。如果有自己新的 idea，经过不断修正与完善，就会慢慢形成一篇好论文。

（3）减少假设约束。前人的论文也是在一定假设条件（assumption）下完成的。随着时间的推移，如今的研究条件与当年相比已经有了很大的变化，如果去除之前的约束条件，相信会形成新的观点和结论。

上述三种方法都是比较简单且易于操作的，研究者不妨经常联系，直至形成阅读习惯。需要指出的是，“千里之行，始于足下”，在产生新想法的过程中，不要好高骛远，看不上任何细小的收获。须知学术是需要积累的，没有一步一步扎实的前期预研基础，就不会有后面的积小胜为大胜。

6.3.4.3 如何对想法进行二次遴选

截至目前，通过分析语料和文献阅读分别获得了一些初步的想法，现在需要对这些想法进行二次选择。大致的流程如下：

（1）第一步：参照初选的标准再次对从文献中获得的初步想法进行遴选，剩下一些较好的想法。

（2）第二步：将文献中获得的好想法和语料中获得的好想法放在一起，比较、合并或融合，会得出一些更优秀的想法。

（3）第三步：参照前人的研究成果，剔除：①自己明显错误的想法；②前人研究过的想法；③前人没研究过但自己目前也不具备研究条件的想法。[①] 剩下的就是值得我们进一步扩展完善的好想法。

(4) 第四步：从剩下的这些好想法中再优选出 5 个较为成熟的想法，按照由易到难的标准开始扩展为成熟的一章，并选择 2—3 章最满意的内容放入论文主体部分。[②]

通过阅读文献获得创新点的论文很多，马真先生的大作《说“也”》就是这方面的典范之作。马先生发现：前人的不同说法归纳起来，副词“也”除了“表示同样或相同”外，还可表示“并列关系”“递进关系”“条件关系”“转折关系”和“假设关系”等。后来发现有部分观点表述不准确，通过逐类对比、考察、分析各类复句里用“也”和不用“也”的情况，逐步获得了可靠的结论：各类复句中的“也”其实际作用都毫无例外地只表示类同。

6.3.5 小结与讨论

6.3.5.1 小结

①寻找创新点是论文写作的核心，论文三要素“一个中心，两个基本点”都是为找寻创新点服务的。

②对创新点的找寻要有一个统筹规划，要注意明确目标、摸清现状、归类分层、由浅入深。

③获取好想法的基础至少有三个：敏锐的科研观察能力、较强的语料分析能力和高效的文献阅读能力。

---

① 和初选时一样，这部分好想法也可放入储备库文件夹，以备将来研究条件满足时之用。

② 经常出现的情况是 idea 并不多，且写作时间也不宽裕，于是只能因陋就简，草草成章。

④初步想法（idea）主要是通过分析语料和阅读文献这两大途径获取的，获取初步想法之后再通过两次遴选得出好想法，最终优中选优，扩展为成熟章节放入论文主体中。

事实上，创新点常常不是单一途径得来的，往往是从语料和文献中同时汲取养分并互动碰撞之后产生的。

6.3.5.2　什么创新点不能成立

我们在找寻创新点的时候，相信会找到很多新的想法，那么哪些“创新点”是不能成立的呢？注意以下情况：

①缺乏问题意识的“创新点”，此类创新点无价值。②缺乏学科定位的“创新点”，此类创新点的概念较模糊。③缺乏论据支撑的“创新点”，此类创新点通常没有旁证材料。④与前人雷同的“创新点”，此类严格来说只是旧的想法。⑤没有实质性进步的伪想法，此类根本就不是创新点。⑥只有概念而无理论与现实意义的“创新点”，此类研究缺乏价值。

第七章

撰写初稿（上）：总体设计

当找到创新点之后，就可以开始撰写论文的初稿。实际上，前面对研究材料和文献资料的分析评述、归纳整理已经是论文写作本身了。之所以这样描述，意在让读者理解论文写作的总体流程。论文初稿的撰写顺序不是按照论文的正常结构进行的，通常最先进行总体设计，然后开始撰写主体部分，最后再完善收尾部分。

本章阐述的是初稿撰写的第一步总体设计，主要介绍写作前应做好哪些准备，如何设计论文框架以及如何选择研究方法等。

7.1 做好写作准备

“凡事预则立不预则废”，未雨绸缪是人们成功的经验。因此在正式下笔之前要多方考量，不宜贸然下笔。对论文写作框架的设计属于顶层设计，如果论文的结构设计得不好，等到真正下笔的时候，若感到文思停滞不够顺畅，再想扭转角度或修改全文框架都是很困难的。而且框架设定之后，思路难免会被框住，一时间也较难摆脱。因此，宜多花些时间在总体设计上，以达到“磨刀不误砍柴工”的目的。

7.1.1 准备之一：三方面的掂量

在正式下笔之前了，需要对已经确定的理论假设或要解决的问题再做三方面的掂量：

（1）对自己所选的主攻方向再掂量一下，材料是否丰富，论点是否站得住脚。在下笔之前，宜与导师和同门师兄弟再看看商量斟酌一下，重新审视一下自己所选择的论题。

（2）对自己选定论题的价值再掂量一下，可为学界提供些什么，有多少价值。学术价值是衡量论文水平的重要标准。因此，在动笔之前对自己所选的论题要有清醒的认识，要做到心中有数。

（3）对自己的选题在广义上再掂量一下，考虑该问题与其他领域的联系如何。一个问题与其他领域的联系越多，论证越深入，带给人的新意就越多。

上述三方面的考量，都是在确定论文总体框架时需要认真仔细掂量的。

7.1.2 准备之二：诸要素的确定

下笔之前的第二项准备就是确定研究的诸项要素，包括论文中的核心概念、论证中涉及的自变量和因变量，以及所涉及的理论背景等。

（1）严格界定核心概念。论文中的核心概念是全文论证的基础。但不少概念有多种解释，在不同的语境下有不同的含义，因此有必要严格界定文中所涉及的核心概念。最应注意避免的是偷换概念，以免在答辩中遭遇答辩专家的诘问。

（2）清醒把握所涉变量。在论证时涉及多个自变量和因变量，因此宜清醒把握论文中准备操作的变量有多少，以及需要处理的因素复杂与否。通常在硕士学位论文中，不宜涉及变量太多、太复杂。若变量太少可能会影响论文的学术水平；但变量过多或过于复杂则难以把握。

此外，论文所涉及的理论背景也需要搞明白，对于同一理论不同学派或不同学者常有不同的解释，研究生应做到心中有数。如现代汉语配价研究中的“配价理论”，不同学者就有不同的解释，共计有“句法派”“语义派”“句法语义派”和“语义句法派”等①。

除了上述两项准备之外，当然还有很多其他方面的准备，限于篇幅恕不赘述了。

---

① 吴为章先生告诉我：句法派以北大中文系为代表，语义派以复旦中文系为代表，她本人属于句法语义派，而人大胡明扬先生是语义句法派的代表。其中，后两派也可合称为一派。

7.2 设计论文框架

学位论文总体框架的设计是论文顺利完成的关键一步，这一步通常在开题报告中完成。下面首先说明总体设计的必要性，然后介绍框架设计的方法。

7.2.1 框架设计的必要性

框架设计俗称“搭架子”，即先把论文的结构建立起来，这是一个从在大脑中“想”逐步过渡到“写”的过程。论文写作图式一般程序通常是：在获取了好的想法（idea）之后，先搭架子，然后再填充具体内容。遗憾的是，不少研究生的写作流程是颠倒的：确定选题之后先漫无目的地写下去，然后再归纳整理。窃以为，在攻读研究生的阶段，有必要强调一下正式下笔前进行框架设计的必要性。

（1）是写作原理的必然要求：论文结构的设计应该在下笔之前。马克思说过：“最蹩脚的建筑师从一开始就比最灵巧的蜜蜂高明的地方，就是他在用蜂蜡建筑起蜂房以前，已经在自己头脑中把它建成了。”因此，你在动笔之前也要在头脑中把论文写成。“与可画竹时，胸中有成竹”，古代著名画家文与可画竹的经验同样适用于论文写作。

（2）是相关规范的硬性要求：论文结构的设计应符合不同的要求。对研究生来说，不同的培养机构对论文的结构有不同的要求，不同的学科专业对论文结构的要求也不一样。就学术规范来说，即便是同一个研究领域，中外专业期刊对论文结构的要求亦不相同。因此，在校研究生应严格遵守本校对学位论文规范的有关规定，在论文撰写上遵照规定的要求来执行。这就是事先进行框架设计的意义所在。

（3）是学术训练的养成要求：一名受过正规学术训练的研究者应具备撰写多篇学术论文的能力，因此要把研究生阶段所接受的学术训练变成习惯固定下来，这就是学术养成[①]。就论文写作而言，就是要把写作图式固化在脑海中，使研究程序达到自动化的程度：从语料/文献中获取想法→进行框架设计→补充完善成文。

7.2.2 如何设计论文框架

7.2.2.1 把握论文的一般结构

以学位论文为例，在第三章“学位论文的图式结构”一节中，我们已经介绍过国内文科学位论文的一般结构包括题目、摘要（中文/英文）、目录、绪论、文献综述、主体正文、全文总结、参考文献和致谢，有时还会有附录。

除去题目、摘要、目录、参考文献、致谢和附录等零碎的部分之外，论文主要由以下几部分构成：开头部分（绪论、文献综述）、主体部分和结论部分。具体写作内容参见表3：

① “养成”常应用于军事训练中，意指将军事动作多次重复之后固定下来形成固定的习惯。

表 3　硕士学位论文结构一览表

序号	部分	章节	内容	备注
1	开头部分	第一章	绪论	包括研究缘起、研究对象、研究内容、研究方法、研究意义及全文框架等。
		第二章	文献综述	也有的高校将文献综述放入绪论中。
2	主体部分	第三章	创新点之一	硕士论文的主体部分可有 2—3 章。
		第四章	创新点之二	
3	结论部分	第五章	全文总结	全文总结后会有下一步要做的工作。

任何论文均可分解为假设、论证和结论三部分，学位论文当然也遵循这一通行规范。其中，假设是命题成立的基本条件与前提；论证则是论文的主体，基于假设以表达自己的学术观点；结论则是论文的点睛之笔，研究者的创新点最终将通过结论部分表达出来。

7.2.2.2　开始设计各部分内容

如果前期已经找到了 2—3 个比较稳妥的创新点，就可以开始规划设计论文的总体框架：

（1）设计开头部分：开头部分由第一章绪论和第二章文献综述组成。在选题阶段，绪论部分所涉及的内容基本上清楚了，可完成研究缘起、研究对象（包括研究材料）、研究内容（包括研究目标、难点和重点）、研究方法和技术路线以及研究意义的撰写。文献综述则是开题报告的主要内容，可在前期文献阅读时撰写的诸多读书报告（读书札记）基础上写就。需要注意的是，此时的文献综述还是开题时撰写的，在此后一年的时间里还会有很多新的相关文献，因此在答辩前论文最后统稿时应继续补充完善。

（2）设计主体部分：事实上主体部分的设计常常先于开

头部分。学位论文的选题一般是一个学术性的、独立的真命题，研究设计就是对这个命题进行分解和转换。在学位论文的假设、论证和结论三部分中，“论证”是全文的主体部分，也是最为重要的一部分。学位论文的研究设计必须将论文选题分解和转换到每一个具体的方面，构成一个对该命题的系统研究。

就硕士学位论文而言，一个创新点是不够的，主体部分通常由 2—3 个创新点组成，每个创新点构成一章，然后再组合而成一个逻辑严密合理的有机组成部分。主体部分的每一章基本上都可以围绕着创新点改写成一篇独立的学术论文。此外，在设计主体时要特别注意各章节之间的逻辑关系，即逻辑结构要合理：章节在写前要有个大体的布局逻辑，使之结构合理；章和章之间要有一种逻辑联系——这就是“主线”，要扣紧主线来写，防止盲目写下去，离题万里或淹没主题。

（3）撰写详细大纲：如前所述，框架设计不仅是一个想的过程也是一个写的过程。思考到一定时候就要把脑海中的设想写下来，形成文字。这样在物化成文字的过程中你的思路就会越来越清晰，原来不太清晰的部分也会得到进一步的思考。因此，论文框架要尽量写成论文详细大纲，尽可能相对细致一些，具体到“节”更好（但“节”的层次开始时不要固定化），便于写作时心中有数。

撰写详细提纲时可采用标题式提纲和提要式提纲：①标题式提纲：指用标题形式把全文内容概括出来，并简明扼要地说明某部分的主要内容。②提要式提纲：实际是文章的缩写，指在标题式提纲基础上更具体地阐明概括各层次的内容。

（4）广泛征求意见：有了详细大纲之后，宜请导师做具体指导，也是正式动笔前广泛征求其他专家意见的好机会。详细提纲可反映全文框架与大体内容，较易阅读，同时也很容易看出论文存在的问题。此时修改全文结构要比完成初稿后再修改要轻松容易得多。

总之，论文框架的设计这一步是论文写作由行为图式向文本图式过渡的核心环节，作为研究生一定要足够重视。顺利完成这一关，就顺利迈出了初稿撰写的第一步。

7.3 选定研究方法

任何学术论文都需要通过一定的研究方法来进行论证，以证明自己的论点或解释清楚某个问题，或为所提供的解决问题的方法做出合理性的说明。因此，在框架设计基本完成之后就有必要对研究方法做出选择。研究生阶段研究方法是要专门开课的，这里只是简要概述相关的研究方法，并阐述如何选择研究方法。

7.3.1 研究方法简介

7.3.1.1 思辨研究与实证研究

人文社会科学的研究方法大体可以归为两大范畴：思辨研究和实证研究。思辨研究可以是文化的、政治经济学的、历史的等等，其目的是获得事物之间相互关系的结论；实证研究又可分为定性研究和定量研究两种具体的研究方法，其目的是获得事物属性的认识（陈力丹，2001）。

通常研究者可根据自己的选题以一种研究方法为主，以其他研究方法为辅，几乎采用的都是定性与定量相结合的混合式研究，单纯使用一种研究方法的论文已经很少见了。但无论何种研究方法，都没有高低之分，要根据选题的情况来最终决定采用哪一种。

7.3.1.2 定性研究与定量研究

目前包括语言学在内的社会科学研究提倡采用实证研究的方法。实证研究又分为定性研究和定量研究两种方式。定性研究又称为质化研究、质性研究，以观察、访谈为主，通过归纳分析、从资料中发现、体验式访谈和观察得出关于事物属性的结论。定量研究通过人工控制的环境，以假设演绎的题目，代表性的统计和实验，得出关于事物属性的结论（陈力丹，2001）。定量和定性两种研究设计的主要区别在于数据的形式，前者的数据形式是数字，而后者不是数字。除此之外，还有很多其他方面的差异，参见表 4：

表 4　定性和定量设计之间的区别①

	定量	定性
目标	检验确定的变量；验证假设	确定变量，产生假设
问题	数据收集前是明确的	在研究过程中逐步具体化
样本	大样本	小样本
数据收集	固定的程序结构	灵活和动态的程序结构
数据分析	统计分析	定性分析为主，也可用统计分析
结果	有广泛的应用性	缺乏广泛的应用性

目前的定性研究常被误指为思辨研究。其实，思辨研究是

① 转引自文秋芳《应用语言学研究方法与论文写作》（P64），外语教学与研究出版社，2004 年。

指从文化、历史、政治经济学等角度对选题进行综合、逻辑分析；而定性研究解决的是相对具体的问题，是实证研究的一种方法，例如访谈、观察和资料分析等，其目的和方式与思辨研究差异较大。

另外需要说明的是，定性与定量研究各有利弊，在选用研究方法时需加以权衡。有研究者认为，包括量表和统计分析、计算机模拟和资料简化等技巧在内的量化技术可以使论证显得更为科学，结论经得起推敲。也有研究者认为，用定量研究来解释社会现象是过度简化了社会现象，显得不够自然和缺少人性，真相往往复杂得多。老实讲，这两种看法都不无道理。

7.3.2 研究方法选择

7.3.2.1 选择原则

（1）实用优先："选择有用的方法，不要为方法而方法"①。研究方法无疑体现着研究的科学性，有些实验研究或定量研究给出的数据容易让读者相信文中的结论，由此也带来了一种坏的风气就是为方法而方法。须知研究方法是为研究目的服务的，有用的方法才是好方法，不必为了所谓的"科学性"而故弄玄虚。

（2）相互搭配：如果论文的选题属于实证性质，一般最好采用定性与定量研究相结合的方式，以某一种方法为主，另一种方法为辅。这样两种方法可以互为补充，使文中所得结论能够得到更有力的支撑，更令人信服。硕士论文属于中等偏下规模的研究，虽然可以采用单一的研究方法，但是现在更多的

① 这是李宇明老师2017年9月6日在望京医院的病床上叮嘱我的。

论文以一种研究方法为主，另一种为辅，在研究方法上呈现多样化。

(3) 各司其职：论文各部分采用的方法和手段都不一样，很少有一种方法一以贯之全文的。如采集语料或获得数据使用的是一种方法；统计分析数据使用的是另一种方法。因此，在绪论的“研究方法”一节中最好把各部分的研究方法写清楚。

(4) 量力而行：这是硕士论文确定研究方法时要注意的一个问题，如果条件不具备，千万不要贪大，自己动手去搞较为宏观的社会调查，否则会弄得骑虎难下。只要方法对于论文来说够用就行，换言之，这一条是“够用原则”。

7.3.2.2 注意事项

在选择研究方法时需要注意不要犯常见的错误：

(1) 随意罗列：为凸显研究方法的重要性，在绪论的研究方法一节中随意罗列一些研究方法的名称，如调查法、统计法等。

(2) 缺乏新意：即研究思路与方法并不能真正有效弥补前人研究中的不足，只是换汤不换药罢了。而且有将简单问题复杂化的故弄玄虚之嫌。

(3) 无针对性：或是未能提供为了解决问题而采取的针对性的研究思路和研究方法；或是研究方法过于笼统，没有说明是针对哪一部分、哪一阶段的研究方法。

第八章

撰写初稿（中）：主体部分

主体部分即论文的正文，是充分表达作者研究成果的部分，其重要性不言而喻。主体部分要证明研究者所提出的论题，论题是否成立全靠在该部分的论证。主体部分要展示论证的全过程，同时也会帮助读者相信结论的正确性。

本章首先概述主体部分，包括正文的分类，要求；然后介绍主体部分的内容，包括正文的要素，论证的逻辑以及相关注意事项；最后阐述的是主体部分的写法，包括写作要领、要旨以及单篇论文的写法。

8.1 主体部分概述

下面主要阐述正文的分类及要求。

8.1.1 正文的分类

主体部分根据内容可分为以下几类（朱大明，2007）：

（1）理论研究类论文：主要看是否提出了新的观点、概念、理论、学说，是否有新的论据、新的论证视角和新的见解；

（2）理论计算类论文：主要看是否提出了新的理论假设、计算模型，提供了新的参数，并运用新的方法得到了新的计算结果，揭示了研究对象量化的规律；

（3）综述述评类论文：主要看是否掌握了研究前沿动态，对已有文献资料是否进行了分析、评论，发表了自己的见解，提出了新的研究课题，并指出了新的研究方向；

（4）学术讨论类论文：主要看是否对他人已发表的观点、理论或结论进行了质疑、论证和修正，提出了自己的见解。

8.1.2 正文的要求

主要从内容、结构、文字和规范四方面来要求：①内容真实无误，观点旗帜鲜明；②结构层次清晰，逻辑关系严谨；③叙述准确清晰，表达简练流畅；④符合学术规范，杜绝剽窃造假。

其实这些不仅是对论文主体部分的要求，论文全篇都应该遵循这一要求。只不过正文部分负载着论题的主要内容，因而显得更为重要。

8.2 主体部分的内容

8.2.1 正文的要素

在撰写主体部分时要考虑如下要素：

（1）提出问题：指要点明所研究的是什么问题。

（2）基础前提：指要说明理论框架、基本假设或模型概略以及方法要旨等。

（3）研究步骤：指要讲清演绎的思路和过程。

（4）基本结果：指用表格、曲线、图像或照片等陈述所获得的主要研究结果。

（5）分析讨论：指对研究结果进行分析与讨论。

8.2.2 论证的逻辑

论证的逻辑思维过程要严密，常用的几种论证逻辑方式有：

（1）总分式：指先提出中心论点，再从几个方面或几个分论点来加以证明。

（2）分总式：与总分式相反，先从几个方面或几个分论点论证，最后归纳总结，得出结论。

（3）纵深式：指分论点之间是递进关系，其逻辑顺序不能互换，层层深入，直至得出结论。

（4）并列式：即各分论点之间是并列关系，即围绕一个中心论点逐一论述几个有关的分论点。

（5）综合式：是上述几种逻辑关系的综合运用，如或以“递进式”为主，而论述中又辅之以“并列式”；或以“并列式”为主，在局部采用“递进式”。

8.2.3 相关注意事项

主体部分的内容较多，要特别注意论证的逻辑性，在以下几方面要特别注意：

8.2.3.1 要有层次感

好论文的逻辑结构应该是有立体感的，而不是一个平面。就如同剥洋葱或剥笋一样，层层套叠，直到最后才知道中心结论是什么。而平面性的论证逻辑就像摊大饼一样，无法引人入胜，也不会给读者带来出人意料的结果。

8.2.3.2 要有缜密性

指论证比较严谨，这体现出作者的思维能力以及对专业知识掌握的程度。如果研究者本人所掌握的专业知识本身是碎片化的，那么其论证的逻辑也必然是碎片化的。不少研究者在撰写论文时只知罗列，而缺乏缜密的逻辑推理和证明，就是其专业知识不成体系的缘故。

8.2.3.3 要有科学性

科学研究的过程就是求真的过程，学术只有具有真理性和科学性才有价值。因此，不仅选题要选真命题，就是所用材料也应尽量使用一手材料和数据；在研究方法的选用上也应谨慎合理，只有这样，最终得出的结论才能是科学可靠的。

8.2.3.4 要有学理性

指在表述上应尽量避免口语化和艺术化，要使用学术语言。须知学术论文所面对的读者不是普通大众，而是受过专业训练、有专业背景的人，因此应力避用通俗的口语化方式撰写论文。同时也要注意不要使用艺术口语，行文过于煽情也是很忌讳的。

8.2.3.5 要有严谨性

指在学术研究过程中要有严谨的治学态度。李宇明老师多次强调“论文可以少写一点，但学风问题一定不能犯!”就是要求大家在研究中力戒浮躁，杜绝各种学术不端行为。如各种数据的选取，文献的引用等都是需要注意的。

8.2.3.6 要有精炼性

学术论文最常犯的一个错误就是“散”。治学不可谓不严谨，但在行文表述上不够凝练。全文不是紧密围绕着核心观点来展开的，而是如脱缰的野马，不加控制地随意延伸。结果自然是“下笔千言，离题万里”。这也是论文写作中特别需要注意的。

8.3 主体部分的写法

学术论文的主体是体现其科技价值和学术水平的核心部分。正文的结构可因论题性质的不同而异；但均须合理划分章、节。以实验为主的学术论文一般包括“实验方法”和“结果与讨论”两个部分。非实验为主的学术论文可将自己的主要观点分为2—3章阐明论证。

8.3.1 学位论文的写法

各部分的写法会在后文详细阐述，此处先谈一下撰写学位论文时需要注意的几项原则：

（1）求真务实：这是对整个研究过程的要求，即治学过程应是实事求是的，论文中的每句话都要有充足的依据。

（2）思路缜密：这是对全文逻辑思路而言，即论文的总体思路应是严谨的，应按照事先拟好的详细大纲为核心观点的论证做好缜密合理的安排。

（3）详略有致：这是对论文各部分笔墨使用的要求，即不必所有内容都面面俱到，对基础知识和常规理论可略写，而宜将笔墨集中于所取得的创新点上。

（4）深入分析：这是对文中数据分析的要求，即对所取得的数据和结果宜从各个方面仔细分析，充分挖掘创新点。

（5）斟字酌句：这是对行文表述的要求，叙述必须正规的书面语，切忌口语化，力求“每句话都放稳”。

8.3.2 单篇论文的写法

上述基本是针对学位论文而言的，其实也适用于单篇论文。下面简要介绍单篇论文除标题之外五个组成部分的写法：

（1）摘要：或称“提要”，是对全文工作的总结。不宜太长，约150-200字即可。主要是阐明所研究的问题，并说明自己的解决方案与结果。

（2）引言：主要包括研究背景、全文大纲以及研究的意义。具体写法是①论题X是重要的；②前人的工作A、B曾经研究过这个问题；③A、B 有一些缺陷与不足；④本文提出了解决方案 D；⑤研究方案 D 的基本特征，并与 A、B 进行比较；⑥事实（实验）证明 D 比 A、B 优越；⑦论文的基本思路与大纲。在简短回顾前人工作时注意抓住要点，避免歧义；在与本文工作进行比较时须客观公正地评价前人的工作；最重要的是凸显本文工作与前人工作的不同。

（3）主体：主要描述说明本文的工作，验证所提出的思路和方法，说明结果的意义并给出最终结论。

（4）结论：主要是收束全文，具体写法是先简短地总结全文；然后展望未来的工作。

（5）参考文献：列出文中所引用的文献，注意与前文保持一致。

第九章

撰写初稿（下）：首尾部分

写好学术论文的首尾部分很重要。学术论文的首尾部分指主体的前后两部分。开头部分包括标题、摘要、关键词、引言；结尾部分包括结论、参考文献、附录和致谢。

本章先介绍开头各部分的写法，包括标题、摘要、关键词和引言的写法；然后介绍结尾各部分的写法，包括结论、参考文献和后记的写法；最后介绍一下相关部分的处理办法，包括目录和图表的注意事项等。

9.1 开头部分

下面简要介绍开头部分的标题、摘要、关键词和引言的写法。如前所述，尽管在写作行为图式上开头的这几部分的写作顺序常常放在主体部分之后，但对于读者来说这几部分却是最先和着重阅读的部分，同时也决定着读者是否有必要继续读下去。因此，开头部分的写作是很重要并且需要花费很大功夫的，千万不可掉以轻心。

9.1.1 标题

9.1.1.1 概述

标题作为论文的文眼，往往决定着读者是否会详细阅读该文，因此题目的拟定非常重要。标题要能切实反映论文内容，告诉读者该论文在谈论些什么事，并暗示主要研究成果，所以标题的拟定必须贴切，同时兼具新鲜感和创意。

9.1.1.2 拟法

（1）标题传递的信息：标题至少传递研究对象和核心论点这两项重要信息。首先要表明论文的研究对象，以便于文献检索；其次，要展示论文的核心观点，便于让专业读者尽快获知论文的中心思想，以吸引他们通读全文乃至进一步引用。

（2）主副标题的搭配：有时为了进一步确保标题的准确，也需要配以副标题。这是因为过短的标题尽管便于记忆但也会有失精准。主副标题搭配的写法可提高论文的标识度，也有利于论文的传播。一般来说，主标题传递核心论点或核心概念，副标题则承担廓清研究对象，标识文章性质等功能，如限定研究范围或学科范围等。

（3）拟定标题的要领：具体说有以下几点：①概括论文主题和内容，阐明何种条件下解决何问题；②通常包含该文所用的2-6个关键词；③鲜明简洁，长短适度，普通论文一般不超过15个汉字，学位论文最好也不要超过25个字。

9.1.1.3 要求

标题须具备的特点是：准确、简练、醒目、新颖[①]。

（1）准确，切忌过大、过小。题目一定要恰如其分地概括全文，既不要"头小帽子大"，也不要以偏概全。崔希亮老师的文章《从问题到理论还是从理论到问题》和徐赳赳老师的论文《叙述文中"他"的话语分析》，其标题就非常准确鲜明。

（2）简练，切忌题目太长。题目太长会大大影响引用率，因为这会大大减低论文的吸引力。因此拟定一个好的题目便是吸引读者阅读这篇文章的第一步。马真先生的论文《说"也"》和《说"反而"》，就是标题简练的典范。

（3）醒目，切忌平淡无奇。标题应该能够向读者反映出内文的信息、论点及创新，反映文章的主要内涵、品味，就像商店的橱窗可以吸引过往的路人驻足，吸引读者走进房间、流连把玩。所以，标题必须具有一定程度的吸引性。如吴为章先生的大作《语序重要》，标题干净利落，十分醒目。

（4）新颖，切忌落入俗套。标题的设计应不落俗套，既

① 引自陈祖亮教授2014年10月18日在福建师范大学的讲座"SCI/SSCI论文写作与发表"。

能忠实反映论文的主要内容，不故弄玄虚，同时又与众不同，富有新意。张宝林老师的论文《“回避”与“泛化”》，就是新颖标题的典范。

此外，论文的标题也还应该富有美感，如李宇明老师的论文《〈论语〉论语》就是一个富有美感的标题，显然是经过精心设计的。

9.1.1.4　建议

（1）核心概念不宜过多：超过两个核心概念就难以把握论文关注的实际内容了，因此最好是一个核心概念，至多不超过两个。否则概念太多，通篇就只剩下解释概念了，会冲淡主题。

（2）不要出现模糊、歧义：标题不模糊是为了要表述清楚，不出现歧义是为了表述准确。否则，容易引起读者误会，写作时也容易出现跑题、偏题现象。

（3）最后订定论文标题：指你定标题时要慎重，可先草拟一个或几个题目，待全稿写成之后再选定。拟标题也是一个对论文进行提炼的过程，可以去芜存菁、凝练主题，把论文的主要学术观点和创新之处以更短小精悍的方式呈现出来。

此外，还要注意不要使用不常见的缩略语；不要用一个研究领域做论文标题（综述类论文除外）；删除无用的赘语（如“关于××的研究”、“关于××问题的探索”等）。

9.1.2　摘要

前文在单篇论文的撰写时已提到相关写法，此处就学位论文再强调一下。摘要又称为内容提要，主要介绍论文的内容梗概，包括该文的研究目的、研究方法、研究结果和结论以及研究意义等。

9.1.2.1　功能

摘要的主要功能有：

（1）补充标题的不足，让读者尽快了解论文内容。在信息大爆炸的时代，读者检索到论文题名后是通过阅读摘要来判断的是否需要通读全文的，因此，摘要的功能就是补充标题不足并将论文主要内容介绍给读者，以吸引读者继续读下去。

（2）便于文献检索，为建设维护数据库提供方便。论文摘要的索引是读者检索文献的重要工具。好的论文摘要可不作修改而直接利用，有助于建设和维护各种文献检索数据库，从而最大限度地避免可能产生的误解或疏漏。

（3）增加文献的被检索率和被引用率，提高论文的知名度。摘要写得好，关键词恰当，将大大增加论文被检索出的概率，从而也就增加了被引用的概率。反之，论文可能会淹没在浩瀚的文献海洋中，默默地被抛弃。换言之，论文摘要的质量直接影响着论文的被检索率和被引频次。

9.1.2.2　写法

内容主要包括所研究的问题、研究语料及研究方法、主要发现和创新点，最后可以加上一句本研究的意义（理论价值或实践价值）。其中前三项内容是重点，应占摘要篇幅的一半以上。简言之，应包括：①研究目的（研究背景和重要性）；②主要研究方法；③主要发现（创新点）和最重要的结论；④理论意义或应用价值。

大致范式如下（毛浩然，2015）：某问题一直是学界研究的热点但很有争议（说明研究目的），本研究基于什么语料（研究对象）和什么理论（理论基础）或使用什么研究方法（研究方法），以什么为切入点，旨在解决什么问题（研究问题）。研究发现：1）……；2）……；3）……（主要结论）。该发现对有何理论意义或实践价值（研究意义）。

9.1.2.3 要求

摘要虽然简短，但要想写好并不容易。因此，在撰写摘要时应注意（赵敏、陆洪菊，2005）：

（1）篇幅方面：

长短适宜，摘要不分段，字数不宜过少或过多；一般学术论文的摘要以150—200字为宜；学位论文的摘要千字左右为宜。

（2）内容方面：

①要素要全，如研究目的、研究方法及研究结果，尤其要注意详细陈述研究结果。

②不必陈述选题来源、过去的研究细节和未来的研究计划。

③一般不要对论文内容做诠释和评论，尤其应避免出现不必要的自我评价。

④应排除本学科领域已成为常识的内容。

⑤不要简单重复题目中已有的信息。切忌把应在引言中出现的内容写入摘要。

（3）表达方面：

①尽量简洁，表述不能啰唆，但也不宜采取电报式的写法。

②应用学术语言，不可用文学性描述。每句话要表意明白，无空泛、笼统、含混之词。

③陈述用第三人称，一般不用第一人称。建议采用“作者对……进行了研究”、“作者研究了/报告了……”、“作者对进行了……调查”等论述方法。

④使用规范的术语，无规范说法的新术语可用原文或译出后加括号注明原文的方式。

⑤通常不用引文，必须保持摘要的独立性和自明性。

⑥缩略语、略称、代号，在首次出现时必须加以说明。

9.1.3 关键词

首先需要明确关键词的重要性，关键词主要用于概括文章的主要内容，中心思想。同时更为重要的是能被更多的同行检索到，从而增加文章的被引用率。关键词不宜过多，期刊通常要求有 3—8 个关键词。但是建议最好 4—5 个。标准的关键词须查阅关键词词典，不可随意。

拟定关键词时应注意：

①从读者角度思考。如果你是读者，你会使用哪些关键词进行检索。

②无论是短语还是单个词，都应该紧贴文章的主旨大意，应反映论文的核心内容。

③注意使用近义词，因为读者检索时候，可能会使用其他近义词。

④通常不用国名、地名和普通抽象名词如：研究、探讨、问题、原则、内容等作关键词。

⑤通常不用字母词作关键词。

⑥英文关键词的翻译要准确。

9.1.4 引言

又称“绪论”或“前言”，前文阐述单篇论文的写法时已有论述，下面就学位论文再强调一下。引言在科技论文中的地位非常重要，读者可以从引言中了解作者的动因（motivation）、思路（idea）和成果（results）。引言和标题、摘要一起构成了满足读者探究欲的三要素，因此不可等闲视之。

9.1.4.1 概述

单篇论文与学位论文不同：单篇论文的引言常常并无标题，或使用“引言”“问题的提出”等字样作为标题。学位论文的引言部分包括绪论和文献综述部分，有的学校是把这两部分分开的，有的学校是将两者合为一体的。引言段必须有吸引力，能引人入胜。从结构上讲，引言段中的每一个扩展句都应该成为下面论文中每一段的话题句。

就引言来说，又可分为大前言和小前言。所谓大前言是指学位论文中的绪论，介绍研究缘起、研究对象、研究问题、研究方法、研究内容（难点和重点）以及研究意义等，还有的学位论文会说明一下全文的框架。所谓小前言是指每个章节的前面还会有一个小的导言，简要说明本章的研究背景，相关研究现状，本章的研究对象与研究语料，主要研究方案以及结论等。

无论是大引言还是小引言，都要注意告诉读者该研究在科学上的重要意义，相关结果在学科领域会有哪些贡献，切忌将前言写成文献的堆砌而忽略研究背景的介绍。

9.1.4.2 写法

建议将引言放到写作的最后阶段再写。研究者应充分认识引言的“开宗明义，引领全文”的作用，宜花大力气来撰写，下面简要介绍引言的内容、篇幅和程序：

（1）内容：简要介绍本文的研究缘起、研究背景和研究意义；对前人的研究成果做出评述；指明前人研究中的缺陷与不足，以及亟待解决的关键问题等；阐述作者的研究思路及主要成果，讲清对以往工作的发展与贡献；列出全文的架构（建议学位论文采用）。

（2）篇幅：约占全文篇幅的1/6~1/5，长度要足够，即一篇五六页的论文中引言约为一页；约一百页的学位论文，绪论（引言）应占二十页左右的篇幅。

（3）程序：①首先言简意赅地阐明论文的研究背景。②然后全面、扼要、客观地评述以往的相关工作（包括自己的），特别应指出前人研究中存在的缺陷与不足，以及目前急需解决的关键问题等。③阐明本文研究计划与主要结果，尤其要点明创新点。④简述本文的框架结构，通常放在引言最后一段：“本文是这样组织的……”

9.1.4.3 要求

下面结合研究生在论文写作中常出现的问题，谈一谈撰写引言的要求：

（1）不可过于简略。由于研究者对引言的重视程度不够，因此浮皮潦草地应付一下，显得篇幅过短，内容过于简略了。

（2）不必奢谈意义。认为自己的研究意义非常重大，而不厌其烦地反复强调研究的意义，其实读者均是同行，只需对于论文的意义简短陈述即可，不必长篇大论。

（3）不可忽略回顾。由于对前人的相关成果不熟悉或有意回避，因此故意忽略文献回顾部分，使得论文无法与前人的研究工作有机联系起来。

（4）不宜平铺直叙。这是写法上的问题，只简单罗列前人工作而不做归纳分析，特别是不注意指出前人工作中的缺陷与不足，也未提出自己的解决方案。

（5）不能轻描淡写。主要反映在未能详细说明自己的研究工作，读者难以了解该文的研究思路与方法，不了解研究者工作的继承性和创造性所在。

（6）不要重述摘要。不少作者不懂引言的写法而简单复制摘要的内容，这是懒惰的表现。

9.2 结尾部分

结尾包括结论、参考文献和后记三部分，下面分别简要阐述这三部分的撰写方法。

9.2.1 结论

结论是全文的精髓，是整个研究过程的最终结晶。结尾是作者留给读者的最后论述，在结尾部分应让读者毫不怀疑论文中已经全面展示了论证并且得出了可靠的结论。

9.2.1.1 内容

结论是论文最精华的部分，有些同学喜欢按照章节陈述，也是可以的。结论的内容包括：

（1）做出结论：与绪论中所提出的论题相呼应，通过本论部分的论述，得出可靠的结论。

（2）展望未来：除了结论之外，作者往往还会有余论，指明本课题下一步还需探讨的问题。

9.2.1.2　要求

结论的要求精练、准确和严谨。撰写结论时通常已经处在论文写作的晚期，常常不能引起作者的重视，一方面由于主体部分已经完成，另一方面也由于所剩时间不多，因此不少研究生常常敷衍了事，潦草处置。下面先介绍常出现的问题，再提出建议。

（1）常见问题：从当前的学术论文来看，结论主要有以下几种问题：

①论文根本就没有结论，当论证完毕后，论文就戛然而止。这是典型的虎头蛇尾。

②太简单，有结论与没有结论没有什么区别，这样的结论就没有意义。

③没有对前面的研究进行总结，而是离开前面的研究谈体会，因而没有体现出结束语的作用。

④对前面的研究泛泛而谈，没有集中到观点上来，从而显得太平淡。

⑤把结论写成摘要或详细摘要，出现了很多不属于结论的词句。

（2）注意事项：可以与前面的常见问题参照来看：

①要简洁有力，不可过于冗长。

②要从宏观上对全文进行观点性的总结，要显示出提炼的

过程。

③不要简单罗列成果，要突出通过研究所得到的创新性结论。必须特别强调论文所做的贡献，以凸显论文的价值。

④如无扎实的结论不要勉强杜撰凑数，但当心不要漏过一条真正的结论。未经充分证明的设想、推测和见解不可列为结论（不应出现“可能是”“似乎是”等字眼）。

⑤对研究成果和科学结论的自我评价应实事求是、含蓄和留有余地。全文禁止出现“填补空白”“首次发现”“首次提出”及“国内领先”等自我拔高、随意妄言的词语。

⑥最后可以点出一些值得思考的问题，或提出未来可以做的研究方向供读者参考。

9.2.2 参考文献

为撰写或编辑论著而引用的有关图书资料。参考文献是迅速判断论文质量的主要依据，是送审时审稿专家最先阅读的部分之一，也是答辩时答辩专家提问的重点区域之一，更是学位论文出现问题最多的部分。因此，如果要想通过论文送审或论文答辩，参考文献的编写万不可掉以轻心。

9.2.2.1 格式

格式指关于参考文献的格式，建议参照：（1）不同专业期刊的要求，如《中国语文》《世界汉语教学》《语言教学与研究》和《语言文字应用》等期刊的稿例；（2）本校研究生院的最新规定：如《中央民族大学关于规范研究生学位论文及其格式的规定（2015 版）》；（3）现行的中华人民共和国国家标准《学位论文编写规则》（GB/T#7713.1—2006）、《科技报告编写规则》（GB/T#7713.3—2014）、《文摘编写规则》（GB6447-1986）和《信息与文献参考文献著录规则》（GB7714-2015）等。

9.2.2.2 要求

陈祖亮教授关于如何引用文献的问题指出：

（1）新：引用可能获得的最新文献。文献陈旧反映研究工作未处于前沿。

（2）高：尽可能引用高层次论文。文献层次低反映研究的起点低，水平自然也低。

（3）全：不遗漏直接有关的重要文献，尤其是近期资料，遗漏可能说明论文缺乏新意。

（4）足：数量适当，单篇30篇左右，不可太少，也不必过多；学位论文可根据实际情况选择适当的数量。

这部分内容可参照第五章的相关章节（5.2至5.4节）阅读，对文献的相关要求前后是一致的。

9.2.2.3 建议

结合研究生论文中常见的问题，建议如下：

①格式不能混乱：国际通用格式、国家标准格式、不同期刊要求以及本校研究生院的要求不能混用。如个别论文标题之后有［J］［M］之类的记号，而其他条目又没有。

②文献不能陈旧：应避免未出现近3—5年的相关文献；或者参考文献几乎全是书，没有期刊文献，甚至将专业教材列为参考文献的情况。

③不宜忽视外文：如果全部为中文文献，没有相关的外文文献。说明作者对国际上的相关研究动态不甚了解。

④注意前后照应：避免出现正文中引用过的论文在参考文献中找不到；或参考文献中列出的文献正文中未出现的情况。

⑤内容不容谬误：将文献作者、题名或期刊出处搞错，实是不可饶恕的错误。这显示了作者不认真的态度，对论文的评价影响甚大。

此外，还应注意随文注释与参考文献的区别、慎用网络文章等。

9.2.3　后记

又称“致谢”或“致谢辞”，是学位论文的必有部分。根据国家标准的要求（GB7713-87），致谢对象限于在学术上对论文的完成有较重要帮助的团体和人士。如无此类对象可不写，切忌罗列一大堆名单。可以在正文后对下列方面致谢：①国家科学基金、资助研究工作的奖学金基金、合同单位、资助或支持的企业、组织或个人；②协助完成研究工作和提供便利条件的组织或个人；③在研究工作中提出建议和提供帮助的人；④给予转载和引用权的资料、图片、文献、研究思想和设想的所有者；⑤其他应感谢的组织或个人。后记的用词应含蓄、恰当，不应为导师写赞美诗，避免庸俗化。

很多后记的内容只有致谢部分，其实除了致谢之外也应阐述一下自己论文撰写的心得，这样有助于后来者的研究。崔希亮老师的博士论文后记堪称这方面的典范，他在后记中谈到的四点感想：“学无止境”“坐而思不如起而行”“探讨的问题主题一定要明确”“说起来容易做起来难”。其中对笔者影响很大的是“坐而思不如起而行”和“探讨的问题主题一定要明确”这两点，笔者把这两点归纳为“下笔意识”和“主线意识”：当行则行，当止则止，紧扣主题，勇于下笔。尽管具备这两点意识很简单，但由于“学无止境”，所以“说起来容易做起来难”。

9.3　相关部分

除了首尾部分之外，还有一些细小的部分需要注意，下面主要阐述一下目录和图表的注意事项。

9.3.1　目录

目录是阅读论文的索引，论文的提纲，由论文各部分的大、小标题组成。下面分别阐述大、小标题拟定时常出现的问题以及拟定标题的原则和注意事项。

9.3.1.1　常出现的问题

（1）大标题常出现的错误：

①多余的“研究”字样。一是题首多“研究”字样，可删去，比如，“研究一种词汇教学的新方法”；二是题尾多“研究”或“的研究”字样，实是赘语或有拔高、扩大文题深度与范围之嫌，可删去，比如，“缅甸少儿汉语教学情况的分析研究”，最好删去“研究”字样；

②累赘的“关于…的研究、关于…的调查、关于…的探讨、关于…的报告”等字样。不难看到，标题中加上诸如“关于…的研究、关于…的调查、关于…的探讨、关于…的报告”等字样后，标题过长，显得啰唆、不简洁。

③不当的“…学、…论、…系统、…规律”等字样。在

审稿和答辩实践中，不难发现诸如“…学、…论、…系统、…规律”的论文，应避免此类言过其实、夸大其词的题名。

④虚词缺失、使用不当或标题歧义。如果标题中缺少虚词或使用不当，或造成歧义，都会影响读者的理解。如“现代汉语新闻语篇结构研究”，标题缺助词“的”，也会造成歧义，可改为“现代汉语新闻语篇的结构研究”[①]。

（2）小标题常出现的错误：

小标题的拟定受制于大标题或上级标题，其范围不能大于或等于大标题或上级标题；也不可较多地重复上级标题字面内容。实际上述错误现象并不鲜见。

①重复大标题字面内容。例如[②]：

第四章　明德汉语教学模式内部理据分析

4.1　明德汉语教学模式总体设计分析：理念、程序、方法、目标

4.2　明德汉语教学模式课堂教学方法的类型及其内部理据分析

下级标题中完全可以删去“明德汉语教学模式”，这样就会显得简洁得多。

②重复上级标题字面的内容（含相邻两级标题）。例如：

6.2　单人单课型大综合移植：形式、问题与对策

6.2.1　单人单课型大综合移植的形式

6.2.2　单人单课型大综合移植的问题

6.2.3　单人单课型大综合移植的对策形式

① “现代汉语新闻语篇结构研究”是笔者博士论文原来的名字，袁毓林教授认为会造成歧义，建议加“的”。

② 下面的三个例子均取自拙著《美国明德汉语教学模式移植研究》，中央民族大学出版社，2016年9月。

下级标题明显与上级标题字面内容重复，拖沓，且缺乏美感，若改为：

6.2 单人单课型大综合移植：形式、问题与对策

6.2.1 形式

6.2.2 问题

6.2.3 对策

则清新和美感立竿见影。

9.3.1.2 拟定标题的原则：清楚原则+美观原则

从内容上来说主要是清楚原则，从形式来说是美观原则。前者是指目录要能反映论文的梗概和脉络；后者主要是追求形式上的美观。本节内容可参照9.1.1节内容阅读，两者在要求上是一致的。

大标题的拟定应着眼简洁、流畅、准确，小标题应着眼简洁、工整、对仗、形似或形近。因此，标题拟定总原则可以是：立足美，追求完美；追求美，但不苛求美。不必用或重复的语词，坚决不用；可用可不用的语词，最好不用；能不用的语词，尽量不用。具体原则包括：

(1) 留有余地，求低调。诸如“……学，……论，……系统”字样，要慎用。作者拟题时，在没有彻底了解或掌握文中内容的前提下，不妨低调处理，删除这些“敏感”或“刺眼”的字眼或根据语境用适当的词语替换，以体现适当与谦逊之美。

(2) 删繁就简，求简洁。诸如“关于……的研究、关于……的调查、关于……的探讨、关于……的报告”等字样，作者拟题时尽量规避掉为好，建议删去这些“多余”字眼，以节省版面，体现简洁性、经济性、可读性。

（3）便于检索，求特指。拟定标题时，通常提倡用特指性而非泛指性词语。泛指性标题笼统，概念易模糊，不利于文献检索。倘若根据泛指性标题所隐含的关键词在期刊网上检索，则会出现大量类似而相关性不强的文献，影响检索效率。特指性标题，既利于文献检索，又便于准确抽取关键词。

（4）修辞结构，求合理。学术论文标题，习惯用以名词或名词性词组为中心的偏正词组形式表达，尽可能不用动宾结构形式。最好遵从标题用语习惯和简洁性原则，删去赘语。若中心词带状语，则可用动宾结构。

（5）详略得当，求通顺。针对虚词滥用或漏用等现象，在不违背语法修辞的前提下，如果标题不用某词（字）也通顺，就尽量不用；如果舍去某词（字）不通顺，就留用。

（6）结构类似，求工整。这是针对小标题而言的。同一层次的标题应尽可能用“排比”修辞手法，即词组结构相同或相近，意义相关，语气一致。即所用的词组应是同类；但要避免“过编辑现象”，即为了求“排比”形式美而不顾科学性和技术性需要，苛求凑字数、求工整。

（7）干净明晰，非重复。针对机械重复上级标题字面内容的现象，作者拟定各级小标题时，应遵从简洁原则，去掉重复内容。作者不要“惜字如金”而应以洁净论文版面、增强结构美感为宗旨，体现清洁之美。

9.3.1.3　注意事项

撰写目录时要注意：①子目录不宜过多；②目录用语一般为中性词句，不要用结论性的语言；③目录标题的字数一般不宜超过 20 个字；④章节中内容太少时不要使用子目录。

9.3.2 图表

图片和表格的使用往往可以更好地增强论文的科学性和可信度，但前提条件是所用的图、表是必需的，不能为了使用而使用。下面先介绍图、表，然后介绍其文字说明的使用要求：

9.3.2.1 表格和图片

表格和图片可起到重要的辅助作用，大量图表有助于体现结论的科学性。所有图表都必须按顺序用阿拉伯数字（包括附录中的表格）。每个表格上均应有文字说明，说明文字通常用大写字母放在表号的下面。表格的布局应以整洁和便于理解为基本原则。应尽可能将同一表格置于一页之内；若表格过长而一页之内装不下时，可用“（续表）”字样置于第二页表格线上的中间部位，表格标题不必重复。图片和表格类似，使用图片时也必须附有文字说明。

9.3.2.2 文字说明

除图表需文字说明之外，任何用于说明文本的东西都需加以说明，如蓝图、原始绘画、地图和照片等。文字说明应尽可能与文本内容紧密相连，且对内容解释可起到一定作用。

需要注意的是并非图表的使用越多越好，而是要根据论文的需要而定，有必要使用时才使用。否则会因为图表使用过多或使用不当而削弱论文的总体水平。

9.3.2.3 注意事项

（1）所有图和表都应该有图名、表名。图的名称须标在图形的下方；表的名称须标在表格的上方。

（2）图表中提供的应该是最新的数据，至少要提供到书稿出版前的一年，以保证可读性。

（3）表序号与表名、图序号与图名之间空一格。

（4）如果是引用的表格或图片，注意要注明数据的来源。

第十章

修改定稿

初稿完成之后需要仔细修改，好文章都是改出来的。对于初学论文写作的人来说，是很难做到初稿写成后一字不改的。论文写作是一个非常复杂的过程，从内容到结构、文字表达以及学术规范等，需要顾及的因素很多。因此，论文初稿完成后，对其进行打磨、修改和润色当然是不可避免的。修改的过程不仅使我们对论题的认识不断深化，使论文更加成熟，同时也会使我们最大程度上避免讹误和缺欠，使论文臻于完美。不少人不愿意修改论文，甚至对文献查证这样的基础工作也不愿意做，这显然是治学不认真和学风不严的一种表现性。“文章不厌百回改”应是治学的基本态度。

本章主要回答三个问题：修改什么？如何修改？改到什么程度？即修改内容、修改方法和修改要求。

10.1 修改内容

从宏观上来说，从内容到形式都是修改的对象。概括来说包括以下几方面：①纵观全文，审视论文的中心论点是否集中、鲜明。②强化、增补论文中出现的片面、粗浅之处。③修改润色，即对论文内容进行修改、补充和完善。④提高文字表达的准确性及可读性。⑤增加、删减或调整论文的参考文献。⑥按照要求对格式进行规范[①]。

10.1.1 内容上的修改

内容上的修改由大至小分别为：对选题的修改、对框架的修改、对观点的修改和对论据的修改。

10.1.1.1 对选题的修改

对选题的修改即在写作过程中感到原来的选题对自己不适当或难以完成，而重新估量选题，修正论证对象的范围。这种情形也是正常的，关键在于不要长时间犹豫不决，必须尽快做出决定，以便有时间重起炉灶。

10.1.1.2 对框架的修改

对框架的修改即在写作过程中感到原有框架在内容或逻辑方面有欠妥之处，需要做出修正。这一修正是在不改变原有选

① 这是陈祖亮教授的观点，他认为导师在修改论文时尤其应注意以上几方面。

题的基础上进行的。关于内容的框架修改相对较大，而关于逻辑的框架修改只涉及部分调整。

10.1.1.3　对观点的修改

对观点的修改即在修改过程中或草稿完成之后，随着研究的深入发现文中的某个观点或某个论据欠妥，从而做出进一步修改的行为。这也就是前文第六章在阐述寻找创新点时需要准备多个创新点的原因所在：在研究初期，很难判断哪一个想法是好的想法；或者哪一个想法可以生发成为完整的一章。如果事先有所准备，那么当某个想法所形成的观点欠妥时，就可以及时修改。

10.1.1.4　对论据的修改

对论据的修改即在修改过程中或草稿完成之后，随着研究的深入发现文中的某个论据欠妥，从而做出进一步修改的行为。这也就是第五章在材料工作和文献工作中要读者建立两个保存想法的文件夹的原因所在：如果文件夹中有很多可供选择的材料，那么一旦发现某个论据不合适，就可以换用新的材料作为论据。

需要注意的是，尽量不要做有关选题和框架方面的修改，如果实在需要改动也尽可能要早些，否则有可能无法如期完成论文。

10.1.2　形式上的修改

主要包括格式上的修改和语言上的修改两部分，下面分别从格式和语言两方面来谈：

10.1.2.1　规范格式

即按照要求规范论文的格式体例。尽管这些都属于技术问题，但也不能马虎大意。须知细节最能看出一个人的治学态度，答辩时专家也多从规范方面来挑毛病。需要规范和检查的内容包括：章节目录的设计、中英文摘要的检查、关键词的再检查、文中的引证标示、文中的注释与编号、文后参考文献的编排等。尤其是文中的引证部分，均须必须注明材料来源与出处，更不能将别人的研究成果变为己有。

在格式方面一定要遵循本校研究生院关于学位论文的最新规定以及所投期刊的具体格式要求，除了上述提及的部分之外，还要特别注意细节问题，这反映了一个人的学风。下面以SCI论文为例，简要介绍相关细节：

①页边距的设定：上下左右页边距通常为1英寸；

②字体的设定：12号字体大小，英文字母为Times Roman；

③行距的设定：通常为2倍行距；

④对齐方式：左对齐（右边距不相等）；

⑤段落的缩进：英文为5-7个空格；

⑥页码的设定：从标题页开始（除图片页外）每页的右上角，离顶部0.5英寸处标上页码，右对齐；

⑦段落标题：一级标题使用大小写字母且居中；二级标题使用大小写字母，左对齐；

⑧表与插图：通常SCI论文中的表和插图放在文章的最后。一表一页，一图一页。

⑨段落顺序：每一个部分都是从新的一页开始：标题页、摘要（一般在150-250单词之间）、论文主体、参考文献、图说明、表格和图片。

⑩缩写的要求：第一次出现时必须先写出完整的名称。

10.1.2.2 锤炼语言

论文的思想内容毕竟要靠语言文字来表达，因此，语言文字的锤炼在论文写作课程中历来都是非常重视的训练科目。优秀的学术论文，首先应该是语言文字表达流畅、准确和简洁。不过，研究生在论文写作过程中常犯以下语言错误：

①用词不当：指文中词语的使用不规范或不恰当，无法准确表达作者的意思。常常造成句子结构残缺混乱或搭配不当等现象，使句子产生歧义或意思表达不完整。

②烦琐累赘。解决语句不流畅的办法就是大声朗读，这样就很容易发现文气不通之处。解决行文不简练的办法就是多读古文，最好是能背诵多篇经典的古文。李宇明老师曾说“现代文要想写好，必须得古文功底好”。

③晦涩难懂。不少研究生喜欢玩弄辞藻或者生造一些别人不懂的专业用语，以显示自己的高深莫测，其实是非常愚蠢的表现。在文字表达上故弄玄虚，造成不够晓畅、晦涩难懂的阅读效果，极易引起审稿专家和答辩专家的反感，这是非常危险的。

李宇明老师多次强调，论文在语言表达上“要把每句话都放稳”。但要做到这一点实非易事，需要多读古书，多读经典论文；同时还要把底稿打印出来大声朗读，仔细校改才行。

10.2 修改方法

本书借鉴 Photoshop 软件“层”的概念，在修改时也采用这一理念，即每次只修改一个方面，以避免眉毛胡子一把抓。下面介绍一下四步修改法：

10.2.1 第一步：结构修改

如前所述，详细大纲改定之后尽可能不要修改论文的总体框架结构。但为使条理更清晰，局部的结构修改还是必要的，可从三个方面考虑：

（1）再次审视结构的逻辑是否合理：撰写论文多日之后的结果常常是“只在此山中，云深不知处”，此时需要跳出论文，但从逻辑的角度来审视考察，看全文结构在逻辑上是否合理。

（2）再次审视全文的框架结构是否完整。结构完整是论文的基本要求，要再审视一下论文绪论、本论和结论三大部分是否齐备，同时还要审视各部分的主次与详略是否得当。

（3）再次审视全文的结构是否紧凑。主要是防止论文的结构松散，要删去那些冗余的材料，剪去枝蔓以及与主题无关的句段。

10.2.2 第二步：数据修改

对数据的修改主要从以下几方面来考虑：

（1）多少的问题：指文中所需数据是否充分，如果数据不充分的话，还需要进一步补充。

（2）准确性的问题：指要确保数据的准确，要删掉那些无法证实或表述模糊的相关数据。

（3）真实性的问题：指所获取的数据必须可靠，这就需要通过实验和田野调查的方式获取数据时必须特别谨慎。

10.2.3 第三步：材料修改

与数据修改的情况类似，在修改材料时需要从以下四个方面来考虑：

（1）多少的问题：指所用材料是否充分，对于证据不足的文章，需要重新去寻找补充。

（2）粗精的问题：材料的确存在粗与精的问题，我们的要求当然是去粗取精。

（3）真伪的问题：材料当然也存在真实性的问题，我们的要求当然是去伪存真。

（4）向背的问题。指材料是否能有力支持论文的观点，对不能支持论点的材料要果断删除。

10.2.4 第四步：文字修改

由于一般论文的学术性很强，在语言上需要表达准确，同时要保证语句没有语病。尤其不要出现语法错误和错别字，这会极大地破坏审稿专家和答辩专家的印象。总之，在整体的文字表达上面，宏观脉络要清晰，语句上要通顺。

当然，按照上述四步修改之后仍然需要更细致地修改，建议是：学位论文初稿完成后需要自己先修改三遍；然后再根据导师的要求修改 2—3 遍；最后再请同专业的同学校对一遍打印稿（注意是打印稿），以确保没有错别字。只有这样，论文才有送审的资格。

10.3 修改要求

下面先阐述学术规范，然后说明重点要求和一般要求。

10.3.1 学术规范

10.3.1.1 常犯的学风错误

论文修改的主要衡量标准就是学术规范。学术规范是学术的生命线。学者必须按照学术规范从事学术研究。当前，社会的浮躁风气也同样渗透到了学术领域，出现了学风败坏、不遵守学术规范的情况。学术不端、学术造假行为在论文上表现在以下几个方面：

（1）剽窃抄袭。指在观点或材料方面剽窃他人研究成果，或整段抄袭，或略作改动，甚至仅仅改动一下题目就署上自己的名字。

（2）掠人之美：指掠夺他人科研成果，强行在他人成果上署名。多发生在导师与学生或上级与下级之间，导师或上级利用手中的职权强行霸占别人的劳动成果。

（3）篡改数据：是造假的一种，指为了证明自己的观点，不下功夫通过正当渠道去获取数据，而是对已有的数据随意进行篡改，以满足论文研究的需要。

（4）自我吹嘘：多发生在综述类论文中，指在评述前人研究工作时只引证自己的成果，完全忽视或故意不提本领域其他人的贡献，这是极其恶劣的一种做法。

（5）一稿多投：指在投稿时将一篇论文投给多家刊物，

更恶劣的是一稿多发，全无学术操守可言。

“文章可以写得少一点，学风问题一定不能犯”，作为一个研究人员要充分意识到学风问题的重要性，这关系到一个学者的学术生命！

10.3.1.2 养成遵照学术格式写作的习惯

减少论文修改工作量最好的方法就是平时养成遵照学术规范写作的习惯。即在下笔之初就熟悉本领域的论文写作规范，从一开始就严格遵守论文格式来写，并逐渐养成良好的学术习惯。学位论文的规模较大，动辄数百页，如果没有良好的写作习惯，到最后再从头改起，那就太耗时费力了。当然，刚开始的时候可能还不太习惯，但只要不断练习，持之以恒，最后即便随性下笔，也能写出符合规范的文章来。

10.3.2 重点要求

修改时应重点注意以下部分，这些内容前文已经强调过多次，这里作为重点要求再次阐述一下。

（1）论点是否鲜明。

（2）论据是否足够。

（3）论证是否严密。

（4）结构是否完整，层次是否清晰，布局是否合理。

（5）行文是否流畅、准确、简洁。

10.3.3 细节要求

除了重点要求之外，还需要注意技术细节，这一步需要在打印最后一稿前来做。此时已经写好了包括脚注、目录、图表目录、参考文献以及附录在内的一篇完整的论文，需要把这些草稿装订起来以便在结构上、细节上或内容上避免出现错误，应注意核对：

（1）按序排放论文，注意不要把各部分的顺序放乱了，各个学校的要求是不同的。

（2）再次检查封面，看学号等应有的信息是否都填好了；特别注意导师后面要添加职称。

（3）再次检查需要签字之处是否自己和导师都已签字了。

（4）再次校对中英文摘要是否语句不通或有错别字，尤其是英文摘要。

（5）再次检查目录排版是否有误，字体字号是否不够美观。如果送审的是学位论文，建议请专业人员帮助排版。

（6）再次检查全文目录之后是否有图、表目录。

（7）再次检查全文是否都插入了页码，注意目录页通常是罗马数字，与正文页的页码不同。

（8）再次检查每一章的各级标题是否有误。

（9）再次检查行间距是否调好，全文是否统一。

（10）再次核查文中的脚注是否准确，所有脚注均应出现在它所注释部分的页底。

（11）再次核查参考文献及其他注释是否准确无误。

（12）文本的最后一稿必须仔细校对，保证没有一个错别字。

主要参考文献

（以姓氏音序为序）

陈力丹 2001《硕士论文写作》，北京：中国广播电视出版社；

陈平原 2003“好读书”与“求甚解”——我的“读博”经历，《学位与研究生教育》12 期；

程宏利 2014 我国高校图书馆资源统一检索平台研究，《当代图书馆》第 3 期；

崔希亮 2011 从问题到理论还是从理论到问题，《汉语国际传播研究》第 2 辑；

戴世强 2011《戴世强科技博文精选：与青年朋友谈科研与学习方略》，上海：上海大学出版社；

董泽芳 2008 博士学位论文创新的十个切入点，《学位与研究生教育》7 期；

郭英剑 2017 文章数量越多，学者研究水平越高，《中国科学报》1 月 3 日第 7 版；

郭志刚 2015《社会统计分析方法——SPSS 软件应用（第二版）》，北京：中国人民大学出版社；

韩映雄、马扶风 2017 文献综述及其撰写，《出版与印刷》第 1 期；

何晓群 2016《现代统计分析方法与应用（第四版）》，北京：中国人民大学出版社；

何向东 2010《逻辑学教程（第 3 版普通高等教育十一五国家级规划教材）》，北京：高等教育出版社；
洪小龙 2013 广东警务信息化建设的对策研究，华南理工大学硕士学位论文；
李桂祥 2008 面向科研用户的中文学术搜索引擎研究，《西北工业大学学报（社会科学版）》第1期；
李　琳 2017 近代各家史料学说初探，《法制与社会》第19期；
李宇明 1989 泛舟学海 科研乃桨，《研究生教育理论与实践》第2期；
李宇明 2003 论母语，《世界汉语教学》第1期；
林　悦 2012 近17年大学生人格特征的性别学科差异元分析，《改革与开放》第8期；
刘徐方 2012 试论质性研究在比较教育研究中的运用，《中国城市经济》第3期
娄开阳 2007 试论语言学和传播学在言辞证据研究中的作用，《证据科学》1-2合期；
娄开阳 2008《现代汉语新闻语篇的结构研究》，北京：世界图书出版公司；
娄开阳 2009 基于规则的研究：新闻语篇结构类型穷尽性探析，《学术交流》第8期；
娄开阳 2016《美国明德汉语教学模式移植研究》，北京：中央民族大学出版社；
娄开阳、徐赳赳 2010 新闻语体中连续报道的互文分析，《当代修辞学》第3期；
陆俭明 1959 现代汉语中一个新的语助词“看”，《中国语文》10月号；
陆俭明 1985 由指人的名词自相组合造成的偏正结构，《中国语言学报》第2辑，北京：商务印书馆；
陆俭明 2001 博士生培养杂议，《外语教学与研究》第1期；
陆俭明 2005 汉语语法研究的必由之路，《语言文字应用》第3期；
陆俭明 2010《史》重要《史》难写——序《新时期汉语语法学史》，《汉语学习》第4期；
陆俭明 2011a 关于指导博士生及读书、做研究之我见，《中国大学教学》第4期；
陆俭明 2011b 语言研究需要不断探索和创新，《解放军外国语学院学报》第4期；
陆俭明 2012 在现代汉语研究的道路上，《当代外语研究》第6期；
马奇［美］、麦克伊沃［美］　2011《怎样做文献综述：六步走向成功》，上海：上海教育出版社；
马睿颖 2012 建国以来英语专业主导教材发展走向及其启示，福建师范大学博士

论文；
马　真 1982 说“也”，《中国语文》第 4 期；
毛浩然 2012 科研论文写作的三种境界与六个意识，《英语知识》第 7 期；
毛浩然 2015 论文写作与课题申报六问，《当代外语研究》第 7 期；
毛浩然 2016 快速入门一个新学科领域的六部曲，《语言教育》第 3 期；
欧晓霞 2007《心理学教程》，北京：清华大学出版社；
钱理群 2006 我的老师王瑶先生怎么教弟子，载《王瑶怎样当北大教授》，桂林：广西师范大学出版社；
邵滨、邱丽媛、赵阳 2010 汉语研究及教学——陆俭明教授专访，《北京大学研究生学志》第 3 期；
孙继成 2006 师生共话：研究生论文写作时间管理——兼谈“论而不文现象”，《语言学研究》第四辑，北京：北京大学出版社。
孙学军 2012 如何跟踪文献，《科技导报》第 15 期；
王晓江 2010 民族志方法科学性阐释——兼论中国跨文化传播研究方法移植的可能，《求索》第 11 期；
文秋芳 2004《应用语言学研究方法与论文写作》，北京：外语教学与研究出版社；
吴为章 1982 单向动词及其句型，《中国语文》第 5 期；
肖　强 2008 Google scholar 搜索引擎特征研究，《图书馆学研究》第 6 期；
徐赳赳 1990 叙述文中“他”的话语分析，《中国语文》第 5 期；
许纪霖 2014 回归学术共同体的内在价值尺度，《清华大学学报（哲学社会科学版）》第 4 期；
张宝林 2010“回避”与“泛化”，《世界汉语教学》第 2 期；
张静、李谦 2012 青年编辑在日常工作中开展编辑出版学研究的体会，《中国科技期刊研究》第 6 期；
张丽萍、王彩运 2011《心理学教程》，北京：北京师范大学出版社；
张旭东 2008《心理学教程》，北京：科学出版社；
赵敏、陆洪菊 2005 科技报告、论文写作格式等的注意点，《上海畜牧兽医通讯》第 6 期；
郑恩波 1991《大运河之子刘绍棠》，北京：中国科学文献出版社；

郑太雄、赵双、杨新琴 2016 谈工科学生创新能力的培养，《课程教育研究》第30期；

中国社会科学院语言研究所词典室 2005《现代汉语词典（第5版）》，北京：商务印书馆；

朱大明 2007 初审编辑鉴审科技论文创新性的几个途径，《中国编辑》第1期。

附录一

泛舟学海　科研乃桨

李宇明

《研究生教育理论与实践》1989 年第 2 期

站在个人历史的制高点上回首三十多年的人生道路，深感三年的研究生时期是自己人生的黄金时期，是人生的一大转折点。在此阶段，最庆幸的是自己在导师的教诲下，培养了科研能力，寻找到了为之奋斗终生的科研目标。

我是郑州大学中文系本科毕业应届考入华中师范大学现代汉语专业攻读硕士学位的。吾师邢福义教授自始至终都把培养科研能力当作我们最主要的课程，用他的话来说，就是“研究生，一边研究一边升”。研究生仍是打基础的时期，这个基础就是科研能力，而不是看读了多少书，增加了多少实际的知识。这是与大学学习最大的不同点，也是我之所以感到研究生是人生的黄金时期的根本所在。

一

我觉得，科学研究能力主要表现在三个方面：（一）发现有价值课题的敏锐眼光；（二）围绕课题搜集研究素材的本领；（三）从素材中找出规律并写作成文的能力。邢福义导师在这三个方面对我们进行了严格而又系统的训练，我感受最深，收益颇大。他首先带给我们一叠精心挑选的语言卡片，要我们在一定时期内认真分析，从中分析出有价值的课题，并对课题进行论证。此后，他又带给我们一篇语言现象非常复杂有趣的文章，要我们从中发现研究课题，并围绕这一课题去搜集语料。通过自己对语料的分析，总结出规律，写出论文提纲。最后根据提纲进一步研究补正，写成论文。

每一个单元训练，都把研究生召集在一起，大家共同讨论，相互启发批评。这时他也作为一名普通的讨论者和大家平等讨论争辩。经过多次反复，我们初步摸到了从事科研的路子，熟悉了进行科研的整个过程，并且，养成了充分的自由思维的习惯，培养了民主学风。这种平等式的民主讨论，充分发挥了研究生的特长，加强了研究生之间的学术友谊，学到了导师科研的方法。因此，我们毕业四五年来，仍保持着这种习惯，同导师定期地讨论学术问题，以此作为“硕士后”的继续学习。

二

国学传统主张“述而不作”，要人们成了“书袋子”之后再去十年磨一剑。窃以为此种传统最不利于迅速提高科研能力。科研能力的培养靠的是大量的科研实践，而不是纸上谈兵。对于文科研究生来说，就是要不断地写、写、写。我在研究生期间发表了十余篇论文，乃至毕业之后短短四年多的光景就发表了论著、论文近二百万言，就是不断写的结果。

论文写作同知识的多少虽然不成正比例关系，但是也是需要相当的具体知识做保证的。我在读研究生期间碰到的最大矛盾就是如何处理读和写的关系问题。我的体会是：以写带读，以读助写。因为我认为对于科学工作者来说，读是手段，写是目的，读书是为了写书。

我原来有一个毛病，就是不带着一定的功利目的去读书，总是印象不深，如过眼烟云。而当带着一定功利目的，比如为了一个科研题目去读书时，就能深入进去，反复咀嚼，并迅速吸收，化它为我。例如我在撰写《试论“们”在现代汉语人称代词中的类化作用》（《华中师院学报》1984 年 1 期）之前，对于王力先生的《汉语史稿》和吕叔湘先生的《语法论文集》已经读过，但是印象很浅，而且书中所阐述的内容仍是王、吕两位先生的，而不是我的。当我为撰写论文再来读两位先生的宏论时，效果大不相同。不仅书中的观点至今不忘，而且立即消化吸收，成为我知识网络中的一目。并从中发现了“们”的美化规律，而且，撰写论文是一种强大的阅读动力，吸引我把论及古今汉语、方言人称代词的论著论文几乎全部看了一遍，做出笔记、卡片，迅速拓宽了知识面。

科研题目往往具有极大的能产性，由一个题目能引发一系列新的题目。对于一个知识面已经较为广阔、选定了主攻方向并有了相当科研能力的人来说，应该顺势做下去，以求开辟出一大块学术根据地。但是我觉得对于一个以培养科研能力为主旨、知识面亟待开拓的研究生来说，顺一串近似的选题做下去，势必会把自己限定在一个狭窄的知识圈内，弊多利少。因此，在读研究生期间，我试图把本专业所涉及的所有领域都找个题目做一下，以便建立起合理的知识结构，并尝试探索不同的研究方法。

我在读研究生期间写成或发表的论文，有现代汉语方面的，如《歇后语中的“笑”》（中国人民大学《语言·文学》1982年12期）、《谈借用量词》（《语文知识》1985年1期）、《动宾结构中的非量词“个”》（《语文论集［三］》，外语教学与研究出版社）、《存现结构中主宾互易现象研究》（毕业论文，《语言研究》总13期），以及前面提到的《试论“们”在现代汉语人称代词中的类化作用》。有古代汉语方面的，如《所谓的名词词头“有”新义》（《中州学刊》1982年3期）、《〈山海经〉“非一人所作”新证》（《研究生学报》1985年1期）、《〈山海经〉中存现句考察》等。有方言方面的，如《鄂豫方言中的颤音》（《华中师范学院学报》1984年5期）、《钟祥方言的亲属称谓》（《研究生学报》1983年2期）、《河南省泌阳话中的“家”尾》（《研究生学报》1984年1期）。有逻辑学方面的如《喻判断和喻推理》（《研究生学报》，1984年2期）。

这样，使我对本专业有关的领域都有所接触，既培养了科研能力，又读了大量的书，同时在读书和培养科研能力的过程中也出了成果。

在处理读书关系时，我还有一点体会，就是对所研究的课题先从语言事实出发，观察分析出规律，写就初稿或详细提纲，然后再去翻阅与之相关的参考文献。我觉得这样做可以充分发挥自己的主观能动性，能够发现一些独特新颖的东西。如果先把有关文献翻阅完再动笔写，往往会被文献框住，顺着别人的思路走，难以有新意，难以形成自己的独特研究风格。当然，这样做可能会走些弯路，自己经过反复思考钻研出来的方法，也许早已被人阐述过。但是，作为培养自己的科研能力而言，走这种弯路是有益的。如果自己想到的别人已经说过，说明自己的研究能力已经达到了一定的高度；如果自己想到的还不如别人说得圆满，那正好找到了自己的差距；如果文献中已经阐述过而自己却没有想到，那就把别人的成果吸收过来以丰富自己；如果自己想到而别人没想到没说出的，那正是属于自己的东西，是自己的贡献；如果自己的结论同他人结论相抵触，就可以进行比较甄别，择善而从之。这正如做数学题先独立完成然后再看参考答案，猜谜语自己先猜然后再看谜底一样。也许对于正常的科研程序来说，这样做是恰恰相反的，但是对于驾驭文献资料能力还较为有限且要提高科研能力的研究生来说，如是而行是可取的，起码对我来说是这样的。

三

学者之间各有特色，学派之间各有长处。研究生不仅要把导师的特色长处学到手，而且还要遍交学友，广拜师门，不拘一格，取百家之长，然后方有希望集其大成。

吾师邢福义先生学风十分民主，没有门户之见。他常常鼓励我们去研究其他学者的学术观点和研究道路，虽然有一些是他本人所不同意的。在读研究生期间，我先后参加了在华中工学院举办的当代语言学培训班，在贵阳召开的全国逻辑与语言学术年会及逻辑与语言研讨班，在哈尔滨召开的全国转换生成语言学讨论会，在延吉召开的全国现代汉语（语法）学术讨论会，以及湖北省语言学会的两届年会，结识了许多学术朋友，拜会了许多知名学者，了解了学术界的最新动态，大大开阔了眼界。而且在华中师范大学研究生处的大力支持下，在邢福义教授的悉心指导下，我与肖国政、徐杰同学一块发起成立了全国语言学信息交流中心，并办起了油印刊物《语言学通讯》。通过中心和刊物，同全国大多数语言学门类的研究生建立了固定的热线联系，大家一块交流学习心得，交流各自导师的治学方法，交流各个地方的学术信息，似乎身上的每根汗毛都是获取学术信息的触角，秀才不出门，全知天下事。

参加一次学术会议，胜读几卷书。办一个学术刊物，胜行万里路。现在回忆起来，我们当时之所以能把握着全国的学术动态，站在科研的前沿，科研能力能迅速提高，与这种学术活动是很有关系的。我们在研究生毕业不久的1985年夏就能在邢先生指导下召开全国青年首届现代汉语学术讨论会，并由此使武汉形成全国青年语言学的一个中心，也是直接与此有关的。

四

学科之间的渗透交叉，已成为当代学术发展的主流，能尽量了解其他学科的研究方法和学术动向，是研究生乃至所有科研工作者所不可忽视的一个方面。我在学习期间，曾选修了“自然辩证法”，利用各种机会学习了数理逻辑，到钟祥、当阳、信阳等地进行了野外方言调查，并且曾担任华中师范大学《研究生学报》的常务编辑，接触了本专业之外的许多东西。我后来的一些论文，能够运用数学方法、数理逻辑方法及其他社会学方法处理一些问题，能够写出《心灵的骚动——心理平衡论》《语言·社会·人生》这样的非本专业专著，能够选定儿童语言学作为现在科研的主攻方向并被国家教委“七五”青年社会科学基金项目资助，能在毕业后为本科生、研究生开出语言学概论、西方语言学史、心理语言学、社会语言学等非所学专业的新课，全赖于研究生期间的“不守本分”。

总之，学海泛舟，科研为桨。研究生应该一边研究一边升。以写带读，读写结合；遍交学友，广拜师门；放宽视野，借鉴他科等能迅速学会荡桨，驱舟疾行。而述而不作，只读不写；恪守师门，足不出户；羁勒专业，画地为牢之类的做法不足为训。以上所言，也许是井蛙之见，歧路之为。但我有决心写出来，一是可以就教于大家和朋友们，二是可以作为我对研究生那难忘的黄金时期的一点纪念。

附录二

从问题到理论还是从理论到问题①

崔希亮

《汉语国际传播研究》2011 年第 2 辑

内容提要 当前学术界有四种研究思路：从理论到问题，从问题到理论，从问题到问题，以及从理论到理论。无论在对外汉语教学、国际汉语教育，还是语言学研究中，研究者既要有问题意识，又要有理论意识。笔者主张从问题出发，从问题到理论，用理论解决问题的研究思路，因为理论的普遍性和可推广特性使一种理论可以用于解决一连串问题。问题驱动的研究才有生命力，有了理论这把利器，问题的研究才会越来越深入。

关键词 研究思路；理论；问题

每年的“黑色五月”，我要看一大摞博士论文。在看论文的过程中，我发现有的论文在看第一章时就明白他要讲的问题，有的论文看到第三章我还不知道他要谈什么问题。这就是个问题。论文前面部分说了很多理论背景，可是这么多的理论

① 本文为作者在第九届国际汉语教学学术研讨会开幕式的主题发言文稿。

背景要解决什么问题？于是我翻到最后的结论部分，可还是看不出他要解决的是什么问题。所以我今天要谈的就是我们对外汉语教学、国际汉语教育，或者说语言学的研究，乃至一切的学术研究，是从问题到理论还是从理论到问题？

一、当前学术界的四种研究思路

其实本来不应该谈这样的问题，但我发现在现在我们的学术界确实存在这样的问题。我发现有下面几种情形。第一，从问题到理论。研究问题时很多人用一些相关的理论来解释或解决问题，这很正常。比如研究天体物理学的学者提出的问题是：月亮是从哪儿来的？有一种理论认为是从地球分离出去的，于是产生一种假设，月球上的地质构造和元素组成与地球应该是一致的。但人们通过研究登月时取回的样本发现并不一致，于是又提出了另一种理论，认为月亮是来自外星系被地球捕捉到的小行星。由此看来理论是为了解决问题。问题是第一驱动力。第二，从理论到问题。还有一种研究是先有理论。乔姆斯基提出的普遍语法是一种理论，研究者需要从语言中找各种问题来证实他的理论。这种研究方法我们也不反对。第三，从问题到问题。研究者只是单纯地提出一些问题，就这些问题进行研究。比如说研究美国学生或日本学生的发音偏误，分析为什么会出现这种错误，找到解决的方法，或是在音系学的理论框架下来解决它。从问题到问题是我们中国人的研究传统，主要受乾嘉学派朴学的影响。第四，从理论到理论。没有问题只有理论，我认为这种做法有些奇怪，因为理论总要依附于某个问题，或者说与问题结合起来。

二、理论与问题的关系

吕叔湘先生曾经提出过一个钱和钱串子的问题。吕先生打了一个比方，说理论就是钱串子。如果要他选择，他宁愿选择钱而不选择钱串子。有人认为这太过保守，但实际上吕先生是在强调语言学研究的求真、务实。这可以追溯到五四运动前后的问题与主义之争。胡适之先生吸取了杜威的思想，认为在当时那个语境下要多研究一些问题，少谈一些主义。但是在我们当前的语言学研究———特别是在中国这个语境下面———我们既要谈问题，又要谈主义。

有人提出“是先有问题还是先有理论”的问题，这也是1986年武汉华东师范大学学术研讨会上京派和海派研究生所讨论的问题。京派认为先有问题后有理论，有了问题才有理论；海派认为先有理论后有问题，没有理论就没有问题。两派争执不下。比如上海学者余志鸿先生认为中医的经络理论就肯定不是从解剖学实践中来的，我们无法反驳他，这个问题就成了一个鸡和蛋的问题。昨天参加胡明扬先生的追思会，又有人提出了这个问题。胡先生在他的文章里就曾批评过一些人只谈理论，还有一些人提出的理论跟问题毫无关系。

从问题到理论，它的起点是问题，终点是理论。比如在对外汉语教学里我们发现汉语中有“视觉”“听觉”“触觉”“嗅觉”等构词形式，还有“听力”“视力”，但没有“触力”“嗅力”，这就构成一个问题。我不知道解决这个问题是否有理论。再比如“我在讲台上站了20分钟”和“我在讲台上站了20年”，同样都是时间的概念，但20分钟是一次性的，20

年却不是。但这是个好问题吗？是一个值得研究的问题吗？需要进一步的求证。这是科学研究的一般做法。因此我认为应该从问题出发，以问题驱动我们的研究。

从理论到问题，理论是起点，理论也是终点。问题是为理论服务的，因此问题是有选择性的。比方说我们批评形式主义的做法，他们的问题一定支持他们的理论，不支持就舍弃。他们的理论依据是，假如采取归纳法研究问题，语言事实是不能穷尽的，因此只选择最典型的语言现象。归纳法有一定的局限性，因此走入另一个极端。在中国的哲学传统中通常不采取这样的办法。我们看到太阳从东边升起，西边落下，我们就认为太阳是东升西落的，这是我们人类的经验，其实太阳是不动的，是地球在动。我们的这种错误观念和问题很多。我们经常说中国正在与世界接轨，但中国难道不是世界的一部分吗？一个留学生看我们的报纸觉得很奇怪，上面说“中国全国解放以后，我们……”（用词不准确，应该是中华人民共和国建立以后，我们……），他说台湾还没解放呢，怎么全国解放了？留学生会提这样的问题而我们提不出这样的问题，是因为我们习焉不察，因为我们并没有向学生解释清楚，使用语境。

还有就是从问题到问题，我们只看见钱，没看见钱串子；只见树木不见森林。在对外汉语教学实践中，我积累了很多问题，这些问题中有些可能不是好问题，还有一些是我们目前还无法解决的问题，还有一些可能不是重要问题，所以我们要有所选择。但是问题的后面应该有理论。

从理论到理论，这个理论我认为就是一个漂亮的外壳、皇帝的新衣、道士的袈裟。有人研究的问题和他的理论没有相关性，就像一个道士穿上袈裟，不伦不类。

三、问题从哪儿来

第一，问题从语言社会生活中来。常常听到有人说“本人如何如何”，其实“本人”并不是谦称。如果研究历史，会发现“本”经常用于傲称，但是大家都这么用。在台湾经常有人讲话后说“谢谢聆听”，大陆人听了就不自在。但大陆人说“我夫人”，台湾人听了也很不舒服，因为“夫人”是一种尊称。留学生来我家，敲敲门说“你媳妇在家吗?”这都是语言社会生活中最常见的问题，各种称谓是受社会语言学的规则制约的。

第二，问题从教学实践中来。我曾写过一篇文章《牛奶和媳妇》，“媳妇”刚才已经提到了，另一个缘起是一个留学生说“我很瘦，是因为我妈妈没有牛奶，我是喝母牛的牛奶长大的”。这类问题很多。有学生问我：“老师，《红楼梦》里的凤丫头是什么意思?”这也是个问题。

第三，问题从他人的研究中来，比如说大家都在研究“王冕七岁上死了父亲”。再比如“我家有我爸爸、我妈妈和我狗”，“我爸爸、我妈妈”可以说，“我狗”却一定要说“我的狗”，为什么?怎么解释?这就是个问题。我的解释是这里面有个可让渡和不可让渡的问题。狗可以送给别人，但爸爸、妈妈不能送给别人。张敏的《认知语言学和汉语名词短语》用距离像似（iconicity）动因解释这个问题。这种解释比我的好得多。我没有理论，他有理论。我是就问题解决问题。但我们看了他的研究以后，又会产生一个新的问题——距离像似动因能解决这个问题吗?他的解释是说“我”与“狗”的距离远，跟“爸爸、妈妈”的距离近。我觉得不完全对，或者说这里面还有问题。

四、理论从哪里来

一个是从问题中来，一个是从其他的理论衍生出来，所以会问问题和有问题意识非常重要。我们常说“理论联系实际”，“实际”就是问题。我们要有理论的眼光。但问题意识不是天生的。有人没有问题意识，常常把留学生的问题当作笑话，听完就完了。有问题意识的人听了之后就觉得这里面有“意思”，有问题。

刚才陆俭明老师提到对外汉语教师要有百科知识，就让我想到一件事。有留学生在校园里问老师为什么校园里的树都刷上了白色。我们的老师告诉他，因为我们晚上没有灯，电力缺乏，怕走路的时候撞到上面！如果老师没有常识，就会犯这样的错误。这个老师说的时候很严肃，我想学生听了以后会认为就是这样。许许多多的问题就是从我们这些不称职的老师那里得到的答案。我作为校长经常去听课，就发现有的老师强不知以为知，造成很多问题。比如有学生问：“老师，松花蛋和松花江里的‘松花’是一回事吗？”“八宝山和八宝粥有什么关系？”等等，不知道不要乱解释。很多问题都是从留学生的课堂教学中产生出来的。

在对外汉语课堂教学中我们能发现很多问题，比如关于教师的问题、关于教材的问题。比如教材里的《司马缸……》(笑)。为什么我们经常会有这样的问题？比如一个乡下的小女孩一着急说“妈妈，我把井掉在桶里了”，一个朋友说“我喜欢《风光下的月尾竹》”，说的人和听的人都没有发现问题，其实这和司马光砸缸是一样的。可是为什么大家听不出来？这就是个问题，就是心理语言学要研究的言语错误问题。在第二语言教学里我们也经常犯这样的错误。

我之所以提这样的问题，是因为我在对外汉语教学中有一肚子问题。“一肚子问题”这本身又是一个问题。我们为什么说“一肚子问题”，而不是“一脑子问题”。一个河南的农民写了一本书，关于语言与思维的关系。他找到我说要请教一个问题，认为人是用肚子而不是用脑子思维，因为他在想问题的时候脑子没有感觉，肚子却有感觉。

总而言之，既要有问题意识，也要有理论意识。我主张从问题出发，用理论解决问题，因为理论具有普遍性，可以推广，一种理论可以解决一串问题。问题驱动的研究才有生命力，有了理论这把利器，问题的研究会越来越深入。

附录三

叙述文中“他”的话语分析*

徐赳赳

《中国语文》1990年第5期

内容提要 本文主要讨论第三人称“他”在篇章中的分布和功能，以及篇章结构对使用“他”的种种制约因素。论文共分三部分：一是从线性结构进行分析；二是从层次结构进行分析；三是着重分析“他”在篇章中分布的其他种种制约因素。

0. 引言

一个人物第一次被引进篇章时，一般以名词或名词短语（以下简称名词）的形式出现。这个人物再现时，就不一定重现这个名词，往往以同指的代词或零形式来回指该名词。这是符合人们在使用语言时的经济原则的。

在话语分析里，研究人称代词时，通常把注意力放在第三

---

* 本文根据硕士毕业论文改写而成。写作过程中得到导师廖秋忠先生的精心指导，并得到陈平、徐枢、李临定、沈家煊四位先生的帮助和指点。特此致谢！此次收入《汉语国际教育论文写作教程》又略有改动。

人称。可能的原因是，在口语中，第一人称和第二人称的使用，情景依赖很强，便于区分。书面语中，第一人称和第二人称出现在对话里时，通常用引号标出，而且对话前也常标出“某某人说”之类较明确的发话人，便于读者判别。如果用第一人称陈述，文章通常先交代陈述者。这样，读者对判断第一、第二人称相对来说比较简单。而第三人称不但可以出现在对话中，更多的是出现在叙述中，拿人物来举例，在叙述中，往往不止出现一个人物，这些人物都有可能出现各自的代词，特别是在人物反复出现时，指代的情况就显得更为复杂。

Li 和 Thompson（1979）研究了汉语零形回指和汉语第三人称的回指现象。他们认为，要仔细探讨影响着说者和听者对句子的真正的含义的理解的某些因素，应以语用为基础，加上语义和结构的因素，来解释汉语第三人称出现的原因。也就是说，在研究汉语书面语的第三人称中，他们重点探讨这个问题：汉语的使用者何时决定使用代词？

他们研究了代词在书面语中出现的语境，发现一个判别代词出现的重要的因素，即连接性（conjoinability），也就是某个篇章小句和前面一个篇章小句组成某个独立单位的程度。两个篇章小句连接性的一致性越低，在第二个篇章小句中出现代词的可能性就越大。

在这章中，我们重点分析代词第三人称单数。常见的第三人称单数在现代汉语里有两个：“他、她”，我们主要讨论“他”。通过对第三人称“他”的研究，我们可以从一个侧面看到其他第三人称代词在篇章中的某些重要的特性。

本章分析的材料是 1986—1988 年在报纸上的叙述文，共 85 篇。有关统计的数字，一般以小句作为统计单位，如有不同的统计单位，则另外注出。名词范围较广，为了缩小研究范围，我们主要考察指人的名词，如用到其他名词，则专门指出。虚指的“他”本文不讨论。①

1. “他”的线性结构分析

“他”在篇章中是随着人物的发展，按线性的次序依次出现的，这种表现我们暂且称之为线性结构。在代词与其同指的代词之间，代词与其他回指对象之间，如名词，都存在着各种复杂的关系。这些关系往往通过格分布、语序列、延续性的强弱等方面表现出来。

1.1 “他”的格分布

从句法看，代词“他”可以在句中充当三个基本成分，即主语、定语和宾语。也就是说，有主格、属格和宾格之分。从篇章看，“他”在不同格的位置上出现的频率是不同的。

在我们收集的语料中，共有代词“他”1273 个，做三种成分的比例为：

表 1　“他”充当三种成分

充当句子成分	实例	百分比
主语	787	61.82
定语	255	20.03
宾语	231	18.15

从统计数字来看，主语一项就占了一半多，比定语和宾语之和还多。宾语少的一个原因是，有的动词是非及物动词，不带宾语。在叙述文中，人物往往是论述的重点，主语往往是全

句的主题所在，因此，人称代词"他"占据主语位置的比率高是自然的。从零形回指的情况看，跟我们这里讨论的"他"同指的情况相似，从廖秋忠（1984）和陈平（1987）统计的数字看，零形式在句中做主语的比率比代词做主语的比率还要高。

1.2 "他"和名词之间的语序列

一般的情况是，篇章中先用名词引进一个人物，随着情节、人物的发展，然后用人称代词、零形式或名词进行追踪，也就是回指。下面这个例子是先用名词引进潘安邦这个人物，然后用零形式和代词"他"进行回指。

（1）春节前夕，被誉为"流浪歌星"的台湾歌手潘安邦赶到北京，Ø参加中央电视台主办的春节联欢晚会。在紧张的排练之余，我采访了他。

但是，我们也可看到前指（cataphoric reference）的现象。代词前指的特点是整个篇章中先出现代词，然后再出现名词，代词所指的那个人物的身份要从下文探求。这种现象在句中和篇章中都有，请看例句：

（2）你昨天借书给他的那个人又来了。

（3）他倒下了。不是倒在他眷恋的祖国，而是倒在异国的土地上。

一年前的11月22日下午，南斯拉夫首都贝尔格莱德阴雨霏霏。中国驻南斯拉夫大使政务参赞李文祥正是利用这个星期天赶写年终总结。

（4）他，不是孩子了，已经20岁了；他不稚嫩了，身高1.87米，体重达110公斤。尽管这样，他毕竟还是个孩子，总喜欢做梦，总是想看那71.08米的纪录，总是盼着超过这个纪录。怨谁呢？谁叫他爱上了链球？一个优秀运动员谁不想破纪录、拿金牌？这是很自然的事。这就是毕忠。这就是他的链球梦。

（2）是句内前指。“他”是“那个人”的前指。（3）（4）都是篇章内前指的现象。所不同的是（4）有“这就是+名词”“他叫+名词”之类的句子，较明确地指出了前面出现的“他”所指的对象。而（4）没有明确地指出，但按篇章的倒叙的结构，可以推出（3）中的“李文祥”和第一段中的“他”是同指。篇章中采用这种前指的用法，是起一种修辞的作用，为的是给读者造成一种悬念，吸引读者往下看。在篇章前指中，名词一般都在第一、第二段落中便出现，以便进入正常的叙述。也有较短的叙述文（一般在1000字左右），名词在篇章的最后出现，这种情况很少。《人民日报》1988年12月15日刊登的一篇叙述文，题目是《故乡茶》，约1100字，从头到尾都是“他”（共38个），却未出现一个明显解释“他”所指称对象的名词，这实在少见。在我们搜集的85篇叙述文中，主要人物引进时，以前指形式出现的，共9篇，占10.59%。

1.3 代词“他”和话题的延续性（continuity）

话题的延续性是话题研究的一个重要方面。在交际中，我们往往不只用一个句子，而是几十个，上百句或更多一些。这些句子不是杂乱地堆在一起的，而是句子与句子之间存在着功能、形式各异的延续性，把大量看起来是孤立的、散乱的句子紧紧地联系起来，形成一个整体。Givòn（1983）把话题延续性分为三种。这三种延续性可以在主题段（the themantic paragraph）内，或通过主题段表现出来，也可以通过结构/语法/句法在篇章小句中依次表现出来。这三种延续性为：

（a）主题延续性（thematic continuity）

（b）行为延续性（action continuity）

（c）话题/参与者延续性（topic/participant continuity）

其中以主题延续性范围最大，是其他延续性的发源地。在一个主题段内，主题延续性与行为延续性和话题/参与者延续性紧紧联系在一起。行为延续可以在不必改变主题延续性的情况下产生变化。话题参与者延续性则是三种延续性中最具体的，因此，它可以在话题内，不必改变行为延续和主题延续的情况下而产生变化。如果我们分等级，那么就是：

主题延续>行为延续>话题/参与者延续

我们这里讨论的延续性是第三种，也就是话题/参与者延续性。

Givòn（1983）提出三种测量法，即回数法（lookback），歧异法（ambiguity）和衰减法（decay）。我们在这里只采用回数法，也就是测量指称距离。“回数”就是向左数句子（就书面材料来说）。我们拿代词“他”举例。如在话语中我们碰到一个“他”，即从这个“他”所在的句子开始往左数，这个句子不计算在内，一直数到另一个同指的“他”或同指的名词出现的那个句子为止。这样我们就能数出两个“他”之间或名词和“他”之间所间隔的句子。我们把这相隔的句子的数称为值（value），而把“他”称为实例（token）。把值的总数除以实例的总数，就得到一个平均值。值的多少反映出延续性的强弱：值越大，延续性越弱；值越小，延续性越强。

（5）翰伯同志是 1988 年 8 月凌晨去世的。临终前一天 25

日上午，$他_1$还去三联书店参加《读书》杂志社每月一次的服务日活动，和编辑们谋办刊物的事，和著译者谈选题编书的事。谁也没料到，这次会见竟是$他_2$和出版界和读书界同志们和朋友们的最后一晤，此回一别竟永诀。9月8日向$他_3$遗体告别时，人们在频频呼唤$他_4$，$他_5$已不再声息了。

（5）中的“$他_1$”与名词“翰伯同志”同指，间隔一个篇章小句，值是1；“$他_2$”与“$他_1$”同指，中间间隔5个篇章小句，值是5；“$他_3$”的值是2；“$他_4$”的值是1；“$他_5$”的值是1。这里，代词“他”的实例是5个，值是10，平均值为2。

这里要说明的一点是一个实例第一次引进篇章，这个实例的值是20［如（6）中的“翰伯同志”，（5）中第一个出现的“他”］；还有，如果两个实例之间相隔的篇章小句超过20句，我们统计的值也是20。③也就是说，在统计中，最大的值是20，最小的值是1。

还有一点需要说明的是，在统计中，我们不考虑代词“他”和名词在句子中充当何种句子成分。

表2　代词“他”延续性强弱统计表

“他”	值	平均值
1273	3202	2.52

表2所示，“他”的平均值是2.98。也就是说，各个同指的“他”之间相隔平均2.98个篇章小句。我们再看以下零形式和名词的延续性强弱的统计情况，以便比较。

名词统计方法跟代词相同。见到一个名词实例后，便往左数，直数到同指的名词或代词为止；零形式统计方法跟代词

“他”和名词不同的是，往左数到的先行词可以是代词、名词，也可以是零形式。[④]

（6）11月28日凌晨2点多，石景山区杨庄大楼一片寂静。石景山公安分局的刑警仇及雨有些疲惫地骑着自行车往家里去。$Ø_1$ 当行至杨庄大楼38栋西边马路时，$Ø_2$ 看见三个男人迎面走来，$Ø_3$ 离近时 $Ø_4$ 发现三个人其中一个提着一个大包[⑤]，年龄都在20来岁。小仇放慢了车速。$Ø_5$ 当擦肩而过时，他眼睛的余光瞧见，其中一人紧张地盯着他。

先看名词回指[⑥]，“仇及雨”在篇章中第一次出现，值是20；“小仇”跟“仇及雨”之间没有代词“他”出现，根据语境推断，“小仇”和“仇及雨”同指，值是5。$Ø_1$—$Ø_5$ 的值分别都是1。

表3　零形式和名词延续性强弱统计表

	实例	值	平均值
零形式	981	1117	1.14
名词	591	3472	5.87

从表2和表3看，零形式延续性最强，代词次之，名词最弱，即：

零形式>代词>名词

我们还统计了刘绍棠的中篇小说《京门脸子》[⑦]，统计结果如下：零形式平均值是1.29，代词是2.98，名词是9.34。零形式和代词较接近，名词有些差距，这跟作者的风格可能有关。但是，零形式、代词和名词之间三者的延续性强弱情况的统计结果却是完全一样的。

零形式回指由于没有任何实在的表现形式，听者/读者要判断为何物，说者/作者就必须提供足够的信息。这就要求：a. 零形式和同指的代词和名词、名词之间的距离尽量靠近。b. 零形式和同指的代词、名词之间不能插入既长又复杂的成分。因为"插入成分越长，结构越复杂，对所指对象的连续性[8]所造成的削弱作用就越大。由于人脑短期记忆容量的限制，与靠近先行词的回指成分相比，同先行词相隔较远的回指成分一般需要更明白的表现形式，以弥补由于阻隔而造成的信息衰减。"（陈平 1987a）

我们来看陈平［1987（1991：197）］的两个例子：

（7）天赋$_i$被赶脚的搀上去，驴$_j$一动，他$_i$趴下了身。

（8）虎妞$_i$服下去神符，陈二奶奶$_j$与"童儿"$_k$吃过了东西，虎妞$_i$还是翻滚地闹。

（7）中的"他"和（8）中第二个"虎妞"如果用零形式，读者就会因信息量不足而造成误解。

我们来比较一下零形式和代词、名词不同的情况。代词和名词都是有形的，而零形式是无形的。从这个角度看，代词和名词的性质相近，零形式跟代词、名词的性质相差较远。而人们对性质相同或相近的事物容易产生联想，表现在句子里，人们容易把有形的、作为同指的代词和名词凭借记忆在大脑中联系起来。因此，发话人有意无意地利用了人们大脑中这种"类聚"的性质，在句子线性列中，可以有条件地拉长代词及名词之间的指称距离。这可能是代词和名词的延续性比零形式弱的一个原因。

代词和名词两者延续强弱不等的原因，也表现出人们大脑的"类聚"的性质。代词是起替代作用的词，如只见到一个"他"，只能在人们大脑里建立"男性、单数"等较抽象的概念，只有跟具体指人名词，以及有关对此人的描写联系起来，才能建立起“他”的外在实体形象。而同指的名词和名词，不管是同形还是异形，都是同一个所指，听者/读者比较容易明白。因此名词延续性要比代词延续性弱。以上的解释只是一种推测，是否符合实际情况，还待研究。

下面，我们来分析一下篇章中“他”的延续性强与弱的情况。

先看一个“他”延续性弱的例子：

(9)（为此，他不止一次违心地写“检讨”。）$他_1$说：/“我们现在可以做检讨，/如果实践证明我没错，/就应当给我记功。”/新生产线安装后，/工艺流程实现了全自动化、连续化、管道化，/全车间只需要9名工人操作，/可日产干料冲剂5吨，/并且药物配方准确，/没有污染。/至今，他们已生产了“三九胃泰”近5000万包，/全部达到国家药典规定的质量指标。/由于产品质量好，/疗效高，/不仅在国内供不应求，/还远销澳、联邦德国、英国、东南亚等国家和地区。/

从1987年元旦正式投产，/全厂仅14名干部，近百名工人，一年创产值1130多万元，/人均10万元，/实现利税230万元，/创汇50万港元。/全员劳动生产率大大超过了同类企业。/

为了保证高效益，$他_2$跳出了旧的体制模式，/……（《人民日报》1988年9月17日）

(9)是延续性极弱的例子，$他_1$、$他_2$中间一共隔了21个小句。$他_1$在一个段落里，$他_2$在另一个段落里，而且这两个段落中间还隔了一个段落。但是对读者来说，见到$他_2$还是能准确地找到同指的$他_1$。这是因为：a. 人物简单。在相隔的21

个小句里，没有其他多个人物出现；b. 这个语段中语义结构清楚。第一个可分为两个语义群：（a）有管领词“说”，“他$_1$”所指的人所说的内容是一个语义群。（b）讲工厂情况。第二个段落是讲工厂创收情况。关于这些情况，下面谈到制约因素时还要详细分析。

下面再看一个“他”延续性强的例子：

（10）在他$_1$去世前的头几个月里，他$_2$着了魔似地工作。/使馆的同志为他$_3$列了一个统计表。/从 1987 年 3 月 11 日，他$_4$外出看病和购物共 32 次，/与此同时，他$_5$撰写了各种调研材料多达 30 份。/他$_6$在去世前几天，几乎每天完成一份调研稿。/11 月 22 日，是他$_7$以身殉职的日子。/就在这一天，他$_8$又写完了人生的最后一个篇章——《巴尔干外长会议和巴尔干局势》。(《人民日报》1988 年 12 月 9 日)

（10）里共有 7 个小句，8 个“他”，是延续性最强的例子。因为最强的平均值是 1。在这个段落里，我们来看看哪几个“他”是必不可少的，哪几个“他”是在不影响读者理解的情况下可以省的。“他$_1$”可省；“他$_2$”“他$_3$”不可省；“他$_4$”“他$_5$”两个可以省一个；“他$_6$”可省；“他$_7$”不可省；“他$_8$”可省。

从（10）看来，是否用“他”有这么几个趋向：a. “他”充当介词的宾语时，通常不可省；b. “他”作强调成分时，如位于强调词“是”后面；c. 两个并列小句中都涉及“他”时，可省一个。当然，到底省哪一个更合适，可能要考虑这两个并列小句前的句子，必要时，可能要增加一两个词。d. 充当主语成分的“他”容易列为可省对象。

例（9）（10）两例的延续性为何相差这么大？（10）中为什么有的“他”可省，而有的不可省，我们下面还要谈到。

2. “他”的层次结构的分析

“他”的层次结构分析，我们的注意点集中在两个方面：（1）代词“他”与名词在篇章中的层次关系。（2）“他”在一个“代词单位”内的层次体现。

2.1 “他”与名词在篇章中的层次

在这一节中我们试图证实这样一个假设：在整个篇章中，代词“他”和名词不是处于同一层次上的，名词处于高一层次，代词“他”处于低一层次（不考虑零形式）。用树形图来表示（Noun：名词；Pro：代词），即：

我们从以下三个方面来证实以上的假设：

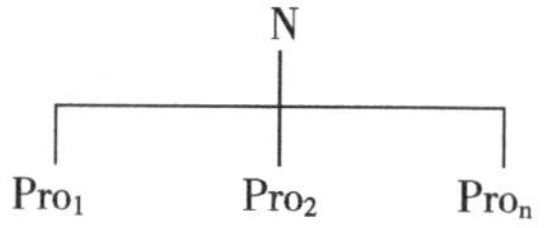

图 1　名词代词所处的层次

（1）名词和代词“他”各自的性质不同。名词是读者/听者在头脑中建立现实中实际存在的那个人物形象的基础，而代词“他”只起替代、调节的作用，只能依附于同指的名词才能在头脑里同实在的人物形象建立联想。名词是第一位的，代词“他”是第二位的。

（2）延续性的强弱体现了名词和代词“他”各自在篇章中控制范围（也就是篇章小句数目）的大小。延续性越强，在篇章中的控制范围就越小；延续性越弱，在篇章中的控制范围就越大。控制范围大的，处于高一级层次；控制范围小的，处于低一级层次。表 2 中我们得知，“他”的延续性的平均值是 2. 52。这就是说，一个“他”平均控制近 3 个篇章小句，即：“他”C 篇章小句$_1$+篇章小句$_2$+篇章小句$_3$（C 表示控制）。表 3 显示，名词延续的平均值是 5. 87。这就是说，一个名词平均控制近 6 个篇章小句，即：名词 C 篇章小句$_1$+篇章小句$_2$+……+篇章小句$_6$。这表明，名词控制的范围明显地比代词“他”大，处于高一级层次。

（3）名词和代词“他”谁占据主题段和主题句的位置，谁就处于高一级层次，否则就处于低一级层次。“主题段”是指在篇章中第一次引进主要叙述人物的那个段落，它的特点是：（a）在整个篇章中起论述中心的作用；（b）一般位于段落的前一、两个篇章小句。据我们统计，主题段中第一次出现的人物是名词的约占 90%，代词“他”约占 10%（参看 2）。主题句中第一次出现的人物是名词的约占 71%，代词“他”约占 29%。

根据以上三个判别标准，我们认为，篇章中名词和代词“他”层次结构分布趋向图应是图 2a，而不是图 2b：

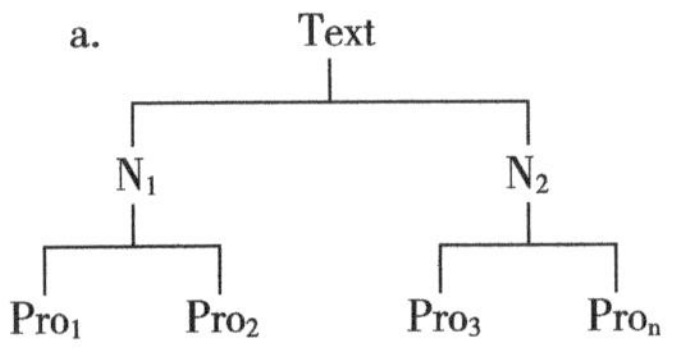

图 2a　名词代词层次分布

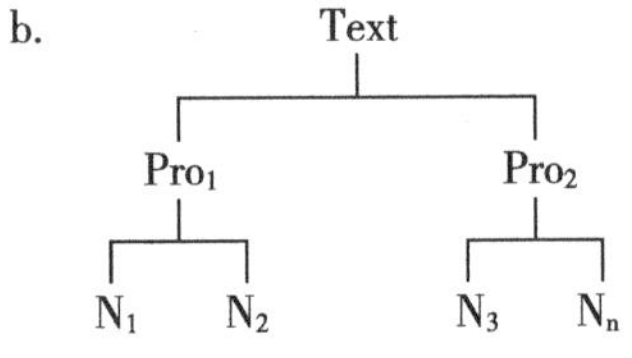

图 2b　名词代词层次分布

这是个大致的框架，一种倾向。实际篇章中名词和代词“他”的层次结构分布情况要复杂得多。我们再提供一个数字，以进一步证实图 2a 存在的可能性。在主题句用代词“他”

的143个段落中，有120（84%）个段落是这种情况：全段内都是代词“他”，没有同指的名词出现，如：

（11）吃完晚饭，他伏案翻译参加香港国际眼科学术会论文的汉译英。夜里十一点了，老伴看他一脸倦容，劝他休息，他摇了摇头，手不停笔，一直译到凌晨一点。（《光明日报》1988年12月15日）

143个段落中，只有23（16%）个段落内出现同指的名词，如：

（12）但是，当血与火的战斗在考验着每一个人时，他却带头把子女送上了老山前线。部队出发的那天，老余给孩子整理好行装，抚摸着他的头，噙着泪花说：“孩子，给爸和妈争口气，给家乡父老争口气！”在他的带动下，全县圆满完成了当年的征兵工作。（《人民日报》1988年12月16日）

这说明一旦代词“他”占据了主题句，整个段落就受到代词“他”的控制，处于高一级层次的名词很少能屈居于代词“他”的管辖范围之内。⑨

2.2 一个“代词单位”中代词“他”的分布情况

这里的“代词单位”，我们指的是一个名词出现后，接着又出现一个或几个“他”，直到这个名词（可以同形也可以异形，只要同指就行）再出现为止。名词加上这些“他”就构成一个“代词单位”。零形式多少不予考虑。

（13）“出力不讨好”这句俗语正可用在顾威身上。他$_1$明知当演员比当导演容易出名，可他$_2$还是非改行当导演（原文如此）。许多人劝他$_3$别自讨苦吃，但他$_4$终于还是半路出了“家”。48岁的顾威是学表演的，……（《北京日报》1989年

2月18日）

这是由一个名词（顾威）和四个“他”构成的一个“代词单位”。一个“代词单位”中至少得有一个“他”，那么，最多有几个“他”呢？其分布情况又如何呢？

一个“代词单位”的范围，可以只在一个句子内，也可以在某个段落中，甚至可以包括两个以上的段落。我们搜集的85篇材料中，有一篇题为《一个工人的价值》（《人民日报》1988年12月21日）的记叙文，记叙一个叫丁福海的青年工人，分四大部分，每部分有个小标题。全文共有22个段落，只出现一个丁福海[10]，其余一律用“他”指同，通篇文章共有27个指同的“他”。可见一个代词单位中，含带“他”的多少，相差是很大的。我们对85篇材料进行了统计，共有358个单位。其中以一个“他”为最多，有116个单位，占32.40%；其次是两个“他”，有79个，占22.07%；三个“他”的是50个，占13.97%；四个“他”的各有一个“代词单位”。

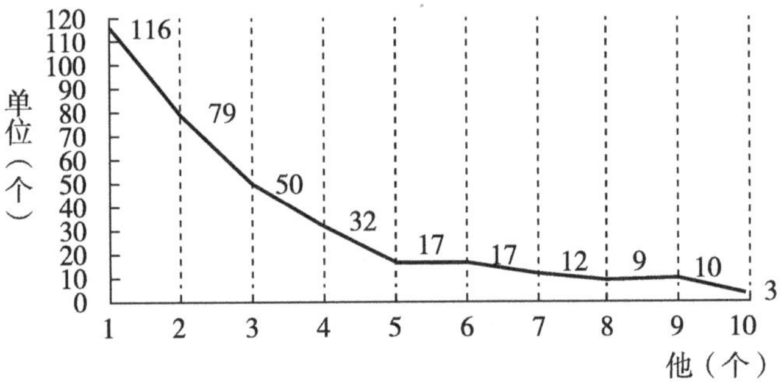

图3　“代词单位”的代词数量分布

图3是“代词单位”中1—10个“他”的分布情况。其余的统计情况如下：12、13、14个“他”的各有两个“代词单位”；11、16、20、23、27个“代词单位”。

图3的曲线很有特色，从5个“他”处，曲线出现了明显的转折点，也就是趋于平行。统计表明，一个“代词单位”中有1—5个“他”的占80%左右，其余的占20%左右。从表3可以得出两个结论：1）一个“代词单位”中“他”越少，这种单位在篇章中出现的频率就越高。一个“代词单位”中“他”越多，这种单位在篇章中出现的频率就越少。2）一个“代词单位”中，以1—4个“他”为绝大多数，5个以上的，开始明显减少。

2.3 一个“代词单位”内的层次体现

在篇章中，尽管“他”是依次出现的，但实际上是存在着层次关系的。因为整个篇章结构是有层次的，“他”在篇章中的分布就必然会体现这种层次。两个相邻的“他”尽管都是指同关系，但两者的语义可能联系得紧，也可能不紧。这两个“他”可能处于同一个层次，也可能处于不同的层次。在这一节里，我们拿一个“代词单位”来做分析，只是为了便利。我们把一个“代词单位”看作一个小故事，再根据语义分出若干个情节。当然，有可能一个“代词单位”只有一个情节。如（15）：

（14）毕忠成功了，他又在做新的链球梦。（《中国青年报》1988年12月4日）

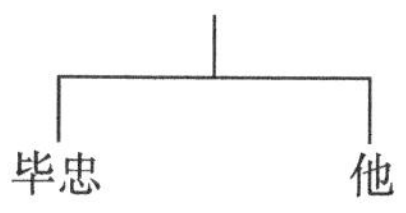

图4 例（14）名词代词层次分布图

如果一个“代词单位”带两个或两个以上的“他”，就有两种可能，一种是处于同一层次的，一种是处于不同层次的。

（15）山西省河曲县委书记任志华，利用业余时间编戏育人。他$_1$先后共编了10个“二人台”小戏。大部分搬上了舞台与观众见面。他$_2$编的名为《蜜果缘》的小戏专辑已由北岳出版社出版。（《人民日报》1989年2月10日）

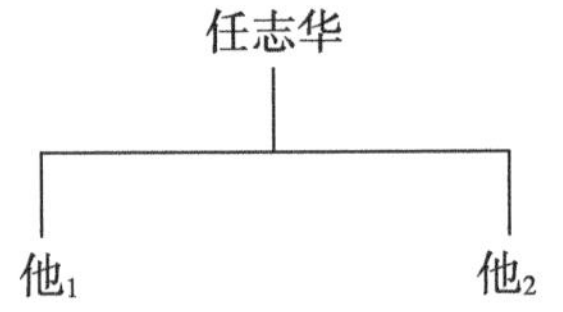

图5　例（15）名词代词层次分布图

（15）中的两个“他”，分别叙述一个事件“编戏育人”的两个方面（情节）：一是编戏上演，一是写戏出版。这两个情节是并列的，处于同一层次。

（16）除了收发，段先生还做一些杂事。学生的学籍簿都归到他$_1$那里。高中、初中，几十个班，一千多个学生，每次考试的成绩都由他$_2$做记账般一笔笔填上去。由此，他$_3$几乎记住了每一个学生。他$_4$写得一手好字。教务处勒令退学的通告和表扬优秀学生的喜报，同出于他$_5$的手笔。甚至一个通知，一个寻物启事，一封感谢信什么的，也非他$_6$莫属。他$_7$的字几乎成了同学们练习书法的范本，同学们记住了他$_8$的字，也记住了他$_9$。（《光明日报》1989年1月18日）

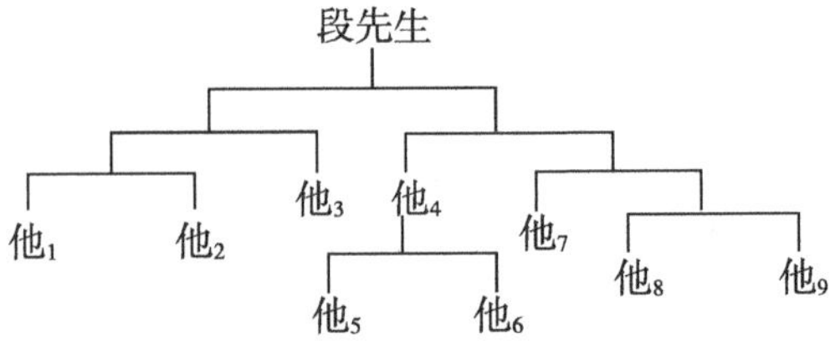

图6　例（16）名词代词层次分布图

例（16）讲两个方面的事：段先生是如何记住学生名字的，学生又如何记住段先生的。前者分三个层次，后者分四个层次。

这里，有两点需要说明：1）对同一个语段可能会有不同的分法。2）在一个“代词单位”中，绝大部分是1—4个“他”，因此从层次看，以1—3个层次为常见。

2.4 “代词单位”在篇章中的循环

据我们以上分析，篇章中名词、代词“他”、零形式的分布一般是这样的：篇章中第一次引进一个人物时，通常是个名词，然后再用一个至几个代词，零形式则分布在代词和名词的后面。作者为了自己同时也为了读者，从人们短期记忆特性考虑，采用了明显的指同形式——名词（可以是同形的，也可以是异形的）进行叙述，然后又用代词和零形式指同。篇章中这种循环往复的现象，就是我们说的“代词单位”在篇章中的循环。我们在这一节里考察一下“代词单位”和段落的关系。

有的段落带一个或几个“代词单位”，有的段落只有名词或代词，也有代词和名词都没有的。这种有“代词单位”的段落和没有“代词单位”的段落比率⑪，在我们的材料中是257∶247。也就是说，有一半左右的段落是带有一个以上“代词单位”的。从257个有“代词单位”的段落来看，一个段落带“代词单位”多少的分布情况如下：

表4 257个代词单位的分布比率

代词单位	实例（个）	比率
一个单位	217	84.44%

续表

代词单位	实例（个）	比率
两个单位	29	11.28%
三个单位	8	3.11%
四个单位	3	1.17%

带五个以上“代词单位”的段落一个也没有。一个段落带一个“代词单位”的占绝大多数。从我们提供的总段落数（504）看，篇章中“代词单位”的分布，大致是两个段落一个“代词单位”。这表明，“代词单位”在篇章中的循环，跟段落是密切相关的（参看 Hofmann 1989）。

如果我们引进“零形式单位”这个概念（即一个名词或代词加上紧跟着的一个或若干个零形式，到同指的名词或代词再次出现时为止），那么，这种“零形式单位”的循环，比“代词单位”的循环范围是要小一些的。“零形式单位”的循环一般在段落内进行，很少有超段落的。一个“零形式单位”大多数跟一个句子（以句号为标记）相当，超出一个句子的为数不多。这只是根据平时一般的观察，还没有具体的数字统计。

3. 代词“他”分布的种种制约因素

Li 和 Thompson（1979）对汉语第三人称的研究给我们很大启发。他们曾做过这样一个有趣的实验，从《儒林外史》[12]中摘出一段话，句与句之间没有专门空格供填字的，只有标点，把所有的“他”都拿掉，然后叫 49 个中国学生填上他们认为需要加的“他”，然后统计出比率（加上作者一共 50

人)。统计结果如下(一句一行,句首是填写人的百分比):

(17) a. 这王冕天性聪明,

b. (6%) 年纪不满二十岁,

c. (12%) 就把那天文、地理、经史上的大学问,无一不贯通。

d. 但 (76%) 性情不同,

e. (2%) 既不求官爵,

f. (0%) 又不交纳朋友,

g. (2%) 终日闭门读书。

h. (14%) 又在《楚辞图》上看见画的屈原衣冠,

i. (8%) 便自造一顶极高的帽子,一件极阔的衣服。

j. (0%) 遇见到花明柳媚的时节,

k. (12%) 把一乘牛车载了母亲,

l. (10%) 便戴了帽,

m. (0%) 穿了阔衣,

n. (0%) 执着鞭子,

o. (0%) 口唱着歌曲,

p. (0%) 在乡村镇上,以及湖边,到处玩耍,

q. (4%) 惹的乡下孩子们三五成群跟着笑,

r. (56%) 也不在意下。

s. 如此,(14%) 就生活安定、快乐、健康。

从统计看,只有两例是过了半数的,(17d) 占了 76%,这个位置吸引了众多的人填“他”,看来不是无意识的。第二例是 (17r),占 56%。此外就是极低的比率了:14%、12%、10%、8%、6%、4%、2%、0%。有趣的是没有一个应试者填

得跟作者完全一样（作者填的位置是 17d，17i，17l，17q，17r），也没有一个应试者填 5 个“他”的。

这说明了作者使用代词“他”时判断的多样性，即随机性。Li 和 Thompson 认为，这种代词“他”分布的多样性，一个重要的原因就是“篇章绝对长度”（the sheer length of the text）造成的。也就是说，作者在使用“他”时，一般都趋向于有一定数目的小句的间隔。至于隔几个小句，以及在何处用“他”，则目前还没有找到控制使用“他”的明显的原则。

Li 和 Thompson 的看法，跟我们平时的观察基本是一致的。前面谈到过的例（11）是个别的例子，也能说明这种随机性的存在。因为在这段话语里，我们分析过，省去几个“他”，或者用名词来代替某个或某几个“他”，都不会影响语义的表达。代词“他”分布的随机性这一特点是很明显的。但这并不是说“他”的分布是杂乱无章的，而是有一些规律可循、有一定的趋向性的。（17d）和（17r）就是例证。首先，“他”分布的原则必须是不能引起歧义，不然就会影响正常交际。其次，“他”的分布还能起到一些修辞作用。有时用“他”和不用“他”尽管不会引起歧义，但表达效果还是有所区别的。这说明，“他”在篇章中的分布受到许多因素的制约。

3.1 人物

在叙述文中，人物往往是不可缺少的。有了人物，才有回指的代词（这里暂不考虑零形式指同）。在篇章中，如果人物单一，在一个或几个段落里，甚至整个篇章中，只出现一个人物，那就趋向于多用代词。有的较短的叙述文，往往在开头引进名词后，接下去都用代词“他”回指，等到篇章的结尾，用名词点一下，使读者再次加深一点印象；有的则干脆连结尾也用代词，这是一种情况。但更多的情况是一个篇章引进名词后，用几个同指的代词；然后又重新出现名词（可能是同形，也可能是异形），又用几个同指的代词，这样循环往复，一直到篇章结束。

另一个趋向是，如果有两个以上的人物出现在同一段落或篇章里，而且变换频繁，则趋向于用名词来进行指同，以免给读者造成理解的困难。请看下例：

（18）朱韶如是江西省分宜县杨桥煤矿开拓区工人聂根林的爱人，家中有6口人，全靠老聂一人的工资维持生活。去年三月，朱韶如3岁的小儿子被火烧伤，住院花费上千元，仍留下破相，连进食都困难。今年4月，朱韶如夫妇正苦于无钱送小儿子到上海整容时，13岁的老二又不幸被汽车剐伤住进医院。这使本来经济上就十分拮据的朱韶如一家陷入了困境。（《中国妇女报》1989年10月6日）

（18）中共有四人，这四人在这个段落里交叉出现，都用了名词，为的是指称明确。人物越多，变换越多，越趋向于用名词。

3.2 情节（episode）

叙述文中故事（story）的发生、发展和结束，也直接影响着代词和名词的出现。一般有这样几种情况：

1）如果一个人物引进篇章后，接着叙述这个人物的几个情节，那么在每个情节的开头都趋向于用代词和名词。

（19）……中国驻南斯拉夫大使馆政务参赞李文祥正利用这个星期天赶写年终总结。再过几天，他$_1$就要回国，和家人团聚了。他$_2$要赶在离开南斯拉夫以前处理完各项工作。突然，一阵剧烈的咳嗽使他$_3$喘不过气来。咳嗽病又发作了。他$_4$不得不放下笔，四处找药。桌上、抽屉、口袋……都找遍了，这才发现药品已用完。他$_5$没有惊动司机，连忙撑着雨伞，悄悄走出大使馆……（《人民日报》1988年12月9日）

（19）整个故事是李文祥写总结时发生的事。第一个情节（他$_1$句）是即将回国，第二个情节（他$_2$句）是必须做完工作，第三个情节（他$_3$句及下句）是咳嗽病复发，第四个情节（他$_4$句及以下几句）是找药，第五个情节（他$_5$句及以下几句）是外出。

2）如果一个故事内分几个情节，一个情节叙述某人，然后另一个情节主要叙述另一个人，接着又重新回到那个情节，重新叙述前面那个人物，那么，第三个情节的人物就趋向于用代词和名词。

（20）博好怎么也记不住。他想反正自己迟早是死，学盲文又有什么用呢？他没坚持学，竟向母亲发脾气："我不学盲文了。"说着，蒙上了被子。一天，来了个电话，是那位实习护士打来的，她现在已经毕业，在东京的一家医院工作。她问："盲文学得怎么样了？"他感到内疚。难道我真的学不会了吗？从这天开始经过五年多的刻苦学习，他终于能熟练地阅读盲文书籍了。（《中国青年报》1988年12月25日）

（20）的整个故事是博好学盲文。第一个情节是博好原不肯学盲文，第二个情节是一位女护士打来电话（下面划线部分），第三个情节是博好又重新鼓起勇气开始学习，并获得成功。文章在第三个情节开头第一个篇章小句用了代词"他"。如果打电话来的是一位男性，那么作者就可能用名词。如果这里用零形式，读者判断这个所指的时间可能要比代词长。

3）如果叙述文中有对话，某人讲话完毕，又重提这个说话者，趋向用代词或名词。

（21）今天这位报关员登门，无疑是来“投石问路”，想从他这里打开缺口。老汤$_1$心中有谱——决不能拿原则做交易。于是，他指着蜂王浆说：“你不拿回去，我明天交给领导，由领导再交给贵公司经理，你看如何？”这位报关员听出老汤$_2$的话里不留余地，只得悻悻而去。（《人民日报》1989年12月4日）

（21）中老汤$_2$换用代词“他”也行，因可从“这位报关员”推导代词所指的人。

3.3 时间

时间词是给一个事件时间上的限定，可以是时点，也可以是时段。篇章中，在一个时间词的后面，往往是叙述一个新事件的开始，紧接着出现的篇章小句的主语，趋向于用代词或名词。

（22）伍禅同志1904年8月31日出生于广东省海丰县。1929年他赴日本留学，1931年“九一八”事件后回国，创办刊物，宣传抗日。抗日战争爆发后，他前往沙捞越，……（《人民日报》1988年12月25日）

表时间的词较复杂，按不同的标准有不同的分法。为讨论方便，我们按表时间的结构形式来分，可以分为两种：一种是名词性的词（短语），如“1937年”“第二天早上八点”“春节前夕”“在紧张的排练之余”“在和平建设时期”；一种是有动词的小句，如“当+小句+时间词”（或没有“当”字），如

“正当他对其下毒手时”“入伍后”“刚上任时”“抗日战争爆发后”。

先看第一种。篇章中时间词（短语）出现后，有两种明显的趋向：

a）有语音停顿，在书面上有逗号。我们统计了373个时间词（短语），后面小句有停顿的，275个，占73.73%，没有停顿的，98个，占26.27%。b）时间词（短语）后的小句的主语，趋向于用代词。在我们统计的373个时间词（短语）中，后面小句中主语用代词“他”的，共203个，占54.42%；名词82个，占21.98%；零形式88个，占23.5%。看表5。

表5　时间词（短语）后，篇章小句主语使用情况统计表

总计（类别）		代词“他”			名词			零形式		
有停顿	无停顿	总数	有停顿	无停顿	总数	有停顿	无停顿	总数	有停顿	无停顿
275	98	203	176	27	82	80	2	88	19	69
73.73%	26.27%	54.42%	86.70%	13.30%	21.98%	97.56%	2.44%	23.59%	21.59%	78.41%

从表5可以看到，时间词（短语）后的篇章小句的主语用代词或名词充当的，在时间词（短语）和篇章小句之间趋向于有停顿。特别有趣的是名词，82例中只有两例是没有停顿的。可见停顿的趋向是很强烈的。零形式跟代词和名词的情况恰恰相反，只有21.59%用停顿，而78.41%不用停顿。这种现象，可能是由于有些代词和名词作主语的小句前的时间词（短语），往往跟整个句子发生关系，是修饰整个句子的状语成分，因此趋向于用停顿；而零形式的情况是时间词直接修饰句中的动词，跟动词的关系密切，所以趋向于不用停顿。另一

种趋向不停顿的原因，可能是用零形式时，这个小句与前一个小句联系较为紧密，在书面语中表现为这两个小句大都处于以句号为单位的句子里。这里的讲法是假定句子复原后，时间词处于 Ø 与动词之间。

第二种是用一个有动词的小句来表示时间。这里也有两种情况：

a）从句和主句的主语是同一个人，如（23a）；b）从句和主句的主语不是同一所指，如（23b）：

（23）a. Ø 读高中那年，十七岁的他，鼻子突然流血不止。（《中国青年报》1988 年 12 月 25 日）

b. 正当他勤奋工作，准备向林海的奥秘发起冲击时，骤起的“文革”狂涛把他抛到了方圆数十里无人烟的界畜山。（《光明日报》1988 年 12 月 15 日）

b）类因为主句和从句各异，因此就趋向于两个小句的主语各自都用代词或名词，而不用零形式。我们这里就不讨论了。

a）类的情况是，主句和从句的主语是同一个参与者，这就存在一个小句用代词，另一个篇章小句用零形式的可能。如果我们不考虑名词充当主、从句主语的情况，按逻辑推算就有四种可能：

A）Ø（从句），他（主句）

B）他（从句），Ø（主句）

C）他（从句），他（主句）

D）Ø（从句），Ø（主句）

我们摘录的 17 例从句中，A）有 12 例，B）有 3 例，C）、D）两类各占一例。A）类占绝对优势。看来汉语的使用者趋向于优先考虑在主句中使用代词，从句中用零形式，尽管表时间的从句位于主句之前。

3.4 连词

连词也直接影响着后面小句的主语成分的类型。据我们的统计，从出现频率较高的6个连词看，连词后的小句主语趋向于用代词“他”（不考虑区分句中连词和跨句连词，都一起统计在内）。

表4 连词后的小句主语使用情况统计表

连词	总数	代词“他”	名词	零形式
但是（但）	30	22	2	6
可是	17	8	8	1
然而	12	7	5	-
于是	11	7	2	2
不过	4	4	-	-
因为	4	2	-	2
	78	50	17	11

据表4总数栏（78）得知，代词“他”（50）占64.10%，名词（17）占21.79%，零形式（11）占14.10%。这里我们对（18d）为什么吸引了76%的人填上代词“他”可做出解释了。表4“但是（但）”栏中，30个例子中代词有22个，占73.33%，而（18d）填代词的前面，恰恰有个“但”[15]。这样看来，76%和73.33%的比率如此接近就不奇怪了。正是因为篇章中的有转折连词表现出来的结构，吸引多数人填写了代词。

3.5 结构整齐

在篇章中还有一种情况是为了求得某种修辞的效果，在结构整齐的篇章里，常常在篇章的某个特定的位置上，都用代词，或都不用代词。(24) 中第二个段落后的几个段落第一句的主语都用“他”(段落内也有“他”)

(24) 就在这时，我们遇到丁福海——哈尔滨轴承厂南直分厂一车间的一名青年车工。

他自1982年入厂以来，6年时间完成了13年的工作量，多创产值63万多元。按小时计算，他已跨入了1995年。6年来他节约刀具、钢材、卡具价值5.5万元；

他曾6次在工厂的劳动竞赛中立功，连续6年被评为厂先进生产者，今年上半年又加入了中国共产党；

他最近被工厂提前授予1988年厂“先进生产者标兵”称号，厂党政工青组织联合做出向他学习的决定；

他以辛勤的诚实的劳动证明自己的存在和价值。(《人民日报》1988年12月21日)

这一例把可以列为一个段落的内容，分成几个段落，明显是为了强调，以求醒目。

4. 小结

这章中，我们先简要介绍了前人对代词回指的研究，然后，从篇章的线性排列的角度，对代词“他”进行了格分布、语序列及话题延续性的分析；从篇章层次结构的角度，分析了代词“他”与名词在篇章中的层次关系及代词“他”在一个

“代词单位”内的层次体现。最后着重分析了“他”在篇章中分布的其他种种制约因素。

我们的结论是：1）尽管代词“他”在篇章中是按线性排列依次出现的，但还是表现出层次关系。2）代词“他”在篇章中的分布有很大的随机性，但篇章结构、语用等因素对“他”的分布还是起着种种制约作用的。

附　　注

*①“他”如果是任指或泛指，本文也不讨论，如“一个人离开了集体，他就一事无成。”

②包括动词宾语和介词宾语。

③这是因为第一次引进篇章的实例无法依靠回数的办法得出值。还有，在理论上，两个相隔的篇章小句可以大大超过 20，确定最大的值是 20，既便于统计，也利于反映实际情况。

④名词和代词的统计方法跟零形式有所不同，这是因为，如果某个篇章小句中带有代词或名词，而这个篇章小句前（回数）的一个篇章小句中有零形式，则无法判定这个零形式是否是这个代词或名词的指同形式，只能回数到已经出现的代词或名词才可做出判断。如不这样统计，零形式的特性就体现不出来。参看 Givon（1983）。

⑤零形式情况较特殊，如一个篇章小句内有两个动词短语，并且在这两个动词之间可以有语音停顿，那么在第二个动词短语前应算一个零形式。

⑥包括同形和异形。例（6）中的“仇及雨”和“小仇”，我们看作异形。参看廖秋忠（1986）。

⑦名词只统计小说四、五两章。

⑧就是指本文的延续性（continuity）。

⑨而且进入主题句是“他”的段落的名词，在总数上总是少于代词“他”的数目。在 23 个此类段落中，22 个段落是代词“他”多于名词，只有 1 例特殊，名词多于代词“他”：1 个“他”，2 个名词。

⑩“在第二大部分，有个括号内注中出现过一次（丁福海语，下同）”，这里暂且不把这看作正文中的同指的名词。

⑪这是因为有的段落不涉及人物，有的段落较短，有的出于强调，也有的是一个“代词单位”控制了好几个段落。这都是造成段落中没有“代词单位”的原因。

⑫他们未注上这本书用何版本。

⑬如果实验者同意名词和代词都填入的话，那么结果就有可能不同。

⑭原文是用拼音和英语两种形式体现的。这里的中文是根据人民文学出版社（北京）1978 年的版本摘录的。

⑮（17r）占了 56%，我们认为跟语义上有较明显的转折有关。如（17r）前有个“但是”（但），比率可能超过 56%。

附录四

说“也”

马　真

《中国语文》1982年第4期

副词“也”在现代汉语里的使用频率很高。它在句中到底起什么作用，表示什么语法意义，具体用法如何，众说纷纭。[①]在我们看来，现代汉语里“也”的基本作用是表示类同，此外，还能表示委婉语气。

一　“也”的基本作用

“也”的基本作用是表示类同。例如：

(1) 我是前年才来西藏工作的，他也是前年才来西藏工作的。

(2) 你今年二十啦？我今年也二十啦，我们俩同岁！

(3) 我们也划船，也游泳。

(4) 风停了，浪也小了。

(5) 地扫了，玻璃也擦了。

例（1）（2）里前后所说的两件事或两种情况相同。例

(3) 的“游泳”和“划船”虽不相同，但从某个角度说，它们是相类同的两件事。例 (4) 的“浪小了”和“风停了”是相互联系的两种自然现象，在缓和、减弱这一点上相类同。例 (5)“擦玻璃”和“扫地”虽然不是相同的两件事，但都是属于打扫卫生一类事情，从这个意义上说，它们又是相类同的。“也”在这些句子里的作用在于强调后者与前者相类同。

“也”既然表示类同，那么按理说，类同的各项都应该在句中出现（如例 (1) — (5) ）。但是我们看到，有时类同的各项并不都在句中出现，这倒是正常的。例如：

(6) 为什么李四不及格也录取了？

(7) 他一口酒也不喝。

从字面上看，例 (6) (7) 都只说出了一件事——李四不及格录取了，他一口酒不喝。其实，我们会明显感到在这两个句子里都分别隐含着未明言的话，而隐含着的话跟明白说出的话一定有相同的成分，如：

［张三等人都及格，当然该录取］为什么李四不及格也录取了？

［他大量的酒不喝］他一口酒也不喝。

例 (6) (7) 所以会给人传递上面所说的那种信息，正是由于“也”的作用。因此，上面两例中的“也”还是表示类同。

上述情况告诉我们，“也”在表示类同时有实、虚两种用法。下面分别说明。

二 “也”的实用用法

所谓“也”的实用用法，就是指在有“也”的句子里，相类同的诸项都明白说出。这有以下三种格式：

Ⅰ. XW，Y 也 W

Ⅱ. XW_1，X 也 W_2

Ⅲ. XW_1，Y 也 W_2

Ⅰ式是前后分句主语不同而谓语相同的复句，“也”主要强调就某种行为动作、状况、性质（W）说，Y 和 X 相类同。例如：

(8) 他看了，我也看了。

(9) 他挨批评了，我也挨批评了。

(10) 他做的不实用，你做的也不实用。

Ⅰ式通常表示并列关系，如例（8）—（10）就都是并列复句。有时，也可以表示假设关系。

例如：

(11) [“最后决定谁去呀?”]“你去，我也去。”

(12) [“你敢去吗?”]“你去，我也去。”

(13) 你去，我也去。

例（11）表示并列关系；例（12）表示假设关系，意思是如果你敢去，那么我跟你一样也敢去；例（13）由于离开一定的上下文，所以有歧义，既可以看作并列复句，也可以看作假设复句。不管表示哪种关系，“也”的作用还是表示类同。这里必须指出的是，如果表示假设关系，W 末尾不能有“了”。试比较：

	甲	乙
(14)	你去了，我也去了。	你去，我也去。
(15)	他去上海了，我也去上海了。	他去上海，我也去上海。
(16)	他不抽烟了，我也不抽烟了。	他不抽烟，我也不抽烟。

甲组句子 W 末尾有“了”，都只表示并列关系；乙组句子 W 末尾没有“了”，都有歧义，既可以表示并列关系，也可以表示假设关系。

Ⅱ式是前后主语相同而谓语不同的并列复句，“也”主要强调对 X 来说，W_2 所占的位置、所起的作用与 W_1 类同。由于前后主语相同，后一分句的主语往往承前省略，因此 B 式可以改写为：

$$XW_1，(X) 也 W_2$$

例如：

(17) 他搞文艺批评，(他) 也搞文艺创作。

(18) 他很爱打排球，(他) 也很爱踢足球。

(19) 他个儿很高，(他) 也很有力气。

Ⅲ式是前后主语不同、谓语也不同的并列复句，“也”主要强调后者（Y）的情况（W_2）与前者（X）的情况（W_1）相类同。例如：

(20) 风停了，浪也小了。

(21) 地扫了，玻璃也擦了。

(22) 假期我去广州了，他也去桂林了。

上述三种格式当它们表示并列关系时，在前后两项（或几项）中，可以只出现一个“也”，也可以出现两个（或几个）“也”。如果只出现一个“也”，那只在后一项出现，绝不能只在前一项出现。

有时，前面不用“也”，用“既”，构成“既……也……”的格式，但是这只限于前面所说的Ⅱ式，即必须两个分句主语相同。例如：

(23) 他既搞文艺批评，也搞文艺创作。

(24) 他既爱打排球，也爱踢足球。

(25) 这个地方既能攻，也能守。

我们上面说了，在实际的用法中，类同的两项（或几项）都要在句子中出现，但有时似乎只出现了一项，这有两种情况：

一种情况是另一项已见于上文，不用再在这句话中出现了。

例如：

(26) 昨天小张他们去割麦子了，回来得挺晚。小陈他们也去割麦子了吗？也回来得很晚吗？

另一种情况是对话中有条件地省略了，我们可以自然地补出来。例如：

(27)“我决定放假去上海，你呢？”“我也去上海。”

(28) 班长问李铁柱：“你星期天进城吗？”李答道：“不进城。”又问顾小明，小明说：“我也不进城。”

可见，不管是哪种情况，实际上还是两项都出现了，不过不是在一个句子里，而是在前后句子里出现。

由上可知，“也”的实用用法通常用于并列的句式中。有人就因此认为“也”可以表示并列关系，强调两事并列。[②]我们认为，这种看法是不妥当的，这无疑是将“也”字所在句式所表示的语法意义归到“也”的身上去了。为了说明这一点，不妨先比较下面两句话：

a 他吃了一个苹果，我吃了一个苹果。

b 他吃了一个苹果，我也吃了一个苹果。

a、b 都是并列复句，都是把“他吃了一个苹果”和“我吃了一个苹果”这两件事并列起来说；但由于 a 无“也”，b 有“也”，所以 a 和 b 意思有所不同：b 句说话者强调后者（我吃了一个苹果）与前者（他吃了一个苹果）类同，a 句说话者并未强调这一点。并列复句的各分句总是分别说明几件事或几种情况，在并列复句中用不用“也”，就取决于是否要强调后者与前者类同。如果两者根本无类同之处，或者虽有类同之处，但无须强调，则不用“也”。例如：

（29）他是教员，我是农民。

（30）“你们俩去哪儿？”“他去上海，我去哈尔滨。”

例（29）所说的两件事（他是教员，我是农民）无类同之处，不能加“也”；例（30）所说的两件事虽有类同之处（都是去外地），但从上下文看这里无须强调，所以不用“也”。反之，当所说的两件事或两种情况有类同之处并且需要加以强调时，就用“也”。例如：

（31）他是教员，我也是教员。

（32）“暑假你们俩不到哪儿去吧？”“不，他要去上海，我也要去哈尔滨。”

例（31）强调在职务上，我与他类同（都是教员）。例（32）强调在暑假里要去外地这一点上，我和他类同。

总之，用于并列复句中的“也”，并不是“表示并列关系，强调两事并列”，而是表示类同。

三　“也”的虚用用法

所谓“也”的虚用用法，就是指在有“也”的句子里，相类同的前项只是隐含着而未明白说出，甚至是假想的，实际上不一定能明白确切地说出，如前面所举的例（6）（7）。

在“也”的虚用用法中，“也”往往跟其他某些词语构成固定格式，整个格式表示某种特殊的语法意义。常见的格式有：

（一）“虽然/尽管……，也……”（斜线符号“/”表示“或者”的意思，下同。）例如：

（33）他虽然不及格，也被录取了。

（34）尽管下雨，他也来了。

这个格式表示让步转折，其中的“也”还是表示类同。

有人认为“他虽然不及格，也被录取了”里的“也”表示转折，[③]我们认为这个句子里“也”的基本作用仍然是表示类同。在这里有必要说明一下“也”所表示的两种不同性质的类同：相应性类同和不相应性类同。请看例句：

（35）只要及格，八十分的能录取，六十分的也能录取。

（36）及格的录取了，不及格的也录取了。

例（35）“也”所表示的是相应性类同，意思是只要及格的都录取。例（36）“也”表示的是不相应性类同：按说，不及格和及格是相对立的，不及格的和及格的不能一律对待，同等处理，而现在竟同等处理了。并列复句里的“也”一般表示相应性类同，转折复句里的“也”总表示不相应性类同。由此可见，例（33）（34）所表示的转折意思，跟“也”的存在不能说没有关系，但不是由“也”直接表示的，它是由整个前后分句的意思决定的。"也"在这里仍然表示类同，只是它表示的是不相应性类同。

（二）"即使/就是……也……"例如：

（37）水从悬崖上像条飞练似的泻下，即使站在十里外的山头上，也能看见那飞练的白光。

（38）就是下雨，也要坚持锻炼。

有人认为这些句子里的"也"是表示假设关系。[④]这种看法也是不妥当的，也是把整个格式所表示的语法意义归到"也"的身上去了。应该说（37）（38）分句之间那种假设让步转折关系，是由"即使/就是……，也……"这个格式表示的，而其中的"也"仍然是表示类同，这跟（一）中的情况一样，也是表示不相应性类同。

再如：

（39）即使我去拿，也不一定能拿来。

说这句话时，总是预设着这样的内容：某人去拿过了，没能拿来。句中的"也"正是强调"我"将和那个人一样，不一定能拿来。显然，这个句子里的"也"还是表示类同，而不是表示假设。

（三）"不仅/不但……也……"例如：

（40）世界语不仅我不会，他也不懂。

（41）这个玩艺儿不但我没见过，我妈也没见过。

这个格式表示递进关系。有人就因此认为这里的"也"表示递进关系。[⑤]这个看法同样是不妥当的。就例（40）来说，句中的递进关系真是由"也"表示的吗？不是。如果我们将这句话的"不仅"删去，这个句子就是一个表示并列关系的复句了。可见递进关系是“不仅……，（而且）也……”这一格式表现出来的。而“也”在这里仍表示类同，强调他和我在“不懂”或者说“不会”这一点上是类同的。

（四）“无论/不论/不管……，也……”

例如：

（42）无论什么天气，他也会去。

（43）不管怎么说，他也不听。

这是一个表示无条件的复句句式，强调在任何情况下都这样（或都不这样）。有人也就认为这些句子里的“也”本身就表示条件关系。⑥其实，“也”在这里是强调在任何条件下其结果都类同。如例（42）的意思是好天气他会去，坏天气他也会去，不管天气好坏，结果都一样：会去。例（43）的意思是你少说他不听，你多说他也不听，不管你怎么说，结果都一样：他不听。

（五）“连……也。”例如：

（44）连他也来了。

（45）连饭也忘了吃。

这个格式在于强调性状或行为动作的主体或客体范围之广，反过来又强调这种性状或行为动作所达到的程度之深。“连”字后面、“也”字前面那个成分总是该格式的重音所在，它所举出的总是说话者认为最有可能（或最不可能）这样的事例，“也”在这里的作用在于强调一类中最有可能（或最不可能）这样的也跟一般的一样没能这样（或这样了）。

（六）“V也V+可能补语否定式。”（V代表动词）例如：

（46）洗也洗不干净。

（47）跑也跑不动。

这些句子的前面，或者可以加上“即使”（即使洗也洗不干净），或者可以加上“连”（连跑也跑不动），因此格式（六）兼表让步转折（这时跟格式［二］一样）和强调（这时跟格式［五］一样）这两种意思，着重强调通过某种行为动作，不可能达到某种结果。

（七）“一……也+不/没有……”例如：

（48）一口酒也不喝。

（49）一个人也没有来。

这是一个既表让步转折，又强调周遍意义的格式。句子头上有时可以加“即使”（即使一口酒也不喝），有时可以加“连”（连一个人也没有来）。例（48）强调不喝酒，哪怕是一小口；例（49）强调人都没有来，哪怕是一个人。

（八）“疑问代词+也……”例如：

（50）谁也不说话。

（51）什么也不吃。

（52）谁也懂得。

“也”后面的成分以否定形式居多。这种格式强调某种情况对主体或客体来说是无一例外的。这虽是一种单句格式，但从表达的角度看，跟格式（四）属一类，因此句子头上都可以加“无论”“不论”或“不管”这些连词。

上述种种格式所表示的语法意义各不相同，但这些格式中的“也”的作用却是相同的，都表示类同。因此这种种格式又具有共同的特点，都表示事情的结果不因条件的不同或情况的变化而不同，即条件、情况等不同了，变化了，而结果还是类同的。

四　“也”表示委婉语气

“也”除了表示类同外，还能表示委婉语气。比较下面两句话：

（53）你太不客气了。

（54）你也太不客气了。

上面两句话的基本意思一样，但语气不同：例（53）没有“也”，说得很直，口气很硬，甚至带有训斥的语气，让人听起来感到刺耳；例（54）有“也”，语气就委婉多了。

“也”能用来表示委婉语气，是跟它的基本作用分不开的。由于“也”的基本作用是表示类同，所以在表示责怪、怨恨的语句中用了“也”，就含有这样的意思：所指出的问题并非只是提到的人才有，从而减弱了责怪、怨恨的语气。如例（54）说话人要说对方太不客气，但又不想使对方太受不了，于是就用个“也”，表示“你”是太不客气，但这不是“你”一个人这样，以此来减弱责怪的语气。再如：

（55）你也太不懂事了。

（56）你也得体谅体谅别人嘛！

可见，“也”表示委婉语气还是从它的基本作用派生出来的。

“也”表示委婉语气，除了可以用于表示责怪、怨恨的语句以外，还可以用于表示无可奈何、别无办法的语句中。例如：

（57）音量也就这样了。

（58）这事儿也只好由他了。

五　关于在某些句式中“也”和“都”的互换问题

在上面谈到的用“也”的格式中，有的“也”可以换为“都”，句子基本意思差不多。例如：

（59）a. 连他也来了。

b. 连他都来了。

（60）a. 一个人也没来。

b. 一个人都没来。

（61）a. 不论是什么鱼，他也不吃。

b. 不论是什么鱼，他都不吃。

（62）a. 谁也不知道。

b. 谁都不知道。

但是，这并不是说“都”就等于“也”。用“也”还是用“都”反映了两种不同的说话角度。拿例（59）来说，用“也”是说最不可能来的“他”竟和一般人一样，来了。“也”在这里表示在“来了”这一点上类同。用“都”是举出一类中最不可能来的“他”为代表，强调说明这一类无一例外地全来了，“都”在这里表示总括。再如例（61），无论用“也”还是用“都”都强调“他”无条件地不吃鱼。用“也”意在表示一般人心目中的小鱼、次鱼他不吃，一般人心目中的大鱼、好鱼，他同样不吃；“也”强调在“不吃”这点上类同。用“都”意在表示不管小鱼大鱼，次鱼好鱼，他都不吃；“都”总括“鱼”的范围。

同一个意思，人们可以从不同的角度去说明，去反映，这在语言表达上就往往可以选用不同的说法，不同的表达手段。“也”和“都”在某些句式中互换的现象，正说明了这一点。

六　余论

副词“也”，许多语法论著都谈到过它。，我们之所以还要谈论这个“也”，一方面想说明“也”的基本作用是表示类同，而不是别的什么；另一方面也想通过对“也”的基本作用和具体用法的剖析，说明在虚词研究中切忌将含有某个虚词的某种句子格式所表示的语法意义硬归到格式中所包含的这个虚词身上去。

虚词只表示语法意义，而一个虚词在句子中往往有种种不同的用法。那么怎样才能把握住这个虚词的语法意义呢？我们认为很重要的一点是，一定要通过比较分析，透过表面的种种用法去把握住这个虚词的实际作用，找出种种用法的内在联系，这样才不至于为表面现象所迷惑，把本来有内在联系的用法割裂开，把本来不属于这个虚词的语法意义误认为是它的语法意义。

附　注

就《现代汉语虚词》（景士俊编，内蒙古人民出版社，1980 年，呼和浩特）《新华词典》《现代汉语词典》《现代汉语八百词》（以下分别简称《虚词》《新华》《现汉》《八百词》）来说，对“也”的分析就可归纳为如下十一条：

①表示相同或同样（《虚词》《新华》《现汉》《八百词》）；2. 表示并列关系（《虚词》《新华》《现汉》）；3. 表示递进关系（《虚词》）；4. 表示转折、让步关系（《虚词》《新华》《现汉》）；5. 表示假设关系（《虚词》）；6. 表示条件关系

（《虚词》）；7. 表示强调（《虚词》《现汉》）；8. 表示加强语气（《新华》）；9. 表示“甚至”（《八百词》）；10. 表示委婉语气（《虚词》《现汉》《八百词》）；11. 表示别无办法（《新华》）。

②见《虚词》247 页，《新华》982 页，《现汉》1198 页。

③见《虚词》247—248 页，《新华》982 页，《现汉》1198—1199 页。

④见《虚词》248 页。

⑤见《虚词》247 页。

⑥同④。

附录五

由指人的名词自相组合造成的偏正结构

陆俭明

《中国语言学报》1985年第2辑

提要 本文从讨论“父亲的父亲的父亲”这一偏正结构的内部层次构造是（A）“父亲的父亲的/父亲”，还是（B）“父亲的/父亲的父亲”谈起，全面考察了现代汉语里由指人的名词自相组合造成的偏正结构的全部情况，总结得出了指人的名词自相组合造成偏正结构的六条规则，并由此确认“父亲的父亲的父亲”的内部层次构造只能是（A），不能是（B）。

§1. 问题的提出

“父亲的父亲的父亲”这一偏正结构，该分析为（A），还是该分析为（B）？

（A）[（父亲的父亲）的][父亲]

（B）[父亲的][父亲的父亲]

似乎（A）（B）两种分析都是可行的，因为“父亲的父亲”在意思上跟“祖父”相等，如果我们直接用“祖父”替代上述偏正结构里的“父亲的父亲”，按（A）则是：

［（父亲的父亲）的］［父亲］⇒［祖父的］［父亲］

按（B）则是：

［父亲的］［父亲的父亲］⇒［父亲的］［祖父］

“祖父的父亲”和“父亲的祖父”等值，都指曾祖父。

然而，如果我们全面考察一下跟“父亲的父亲的父亲”相同类的偏正结构的全部情况，便会明了（A）和（B）两种分析并不都是合理的。

在“父亲的父亲的父亲”里，除了“的”之外，都是名词，而且都是指人的名词。因此，我们实际需要考察的是由指人的名词自相组合所造成的偏正结构的全部情况。

§2. 指人的名词的类别

本文所说的指人的名词包括以下四类六组；

Ⅰ. 姓名，下分两组：

A. 带姓的姓名、称呼，例如：

王　刚　周永泉　张伯英　李晓平

王书记　李厂长　周教授　张军长

王同志　李师傅　周老师　张伯伯

老　王　小　李　周　老　张　老

B. 名字，包括小名，例如：

志刚　振华　菊英　祖棠　铁柱

毛毛　玲玲　小宝　小三　嘎子

Ⅱ. 能用来转指人的职务名称，也下分两组：

C. 论职位的职务名称，例如：

主席　主任　书记　教授　司令员

部长　校长　行长　厂长　军长

D. 不论职位的职务名称，例如：

打字员　勤务员　驾驶员　司　机　教　员

通信员　卫生员　秘　书　保　姆　炊事员

Ⅲ. 表示亲属、师友等关系的称谓，例如：

E. 爸爸　妈妈　父亲　母亲　岳父

岳母　哥哥　姐姐　弟弟　妹妹

爱人　妻子　女婿　儿子　女儿

姑父　舅父　姑姑　大姨　表姐

表弟　舅妈　外孙　祖父　孙女儿

老师　学生　师傅　徒弟　同学

朋友　同事　同乡　战友　邻居

Ⅳ. 人称代词，例如：

F. 我　你　他（她）　咱

我们　你们　他（她）们　咱们

“某人”的作用与人称代词相当，可归入 F 组。

本文所说的指人的名词，不包括“人民”“群众”“人口”“青少年”“人们”一类的指人的集合名词。

为节省篇幅，以下把上述四类六组指人的名词分别简写为：

1）$名_{姓}\begin{cases}名_{姓a}\cdots\cdots\cdots\cdots A\\ 名_{姓b}\cdots\cdots\cdots\cdots B\end{cases}$

2）$名_{职}\begin{cases}名_{职a}\cdots\cdots\cdots\cdots C\\ 名_{职b}\cdots\cdots\cdots\cdots D\end{cases}$

3）$名_{亲}\cdots\cdots\cdots\cdots\cdots E$

4）名$_{代}$ .... F

必要时就径直用 A，B，C，D，E，F 分别代表上述各组指人的名词。

§3. 关于“名$_1$ 的名$_2$”（以下简写为“名^2”）[1]

一个复杂的偏正结构，我们都可以把它看成一个由简单的偏正结构扩展成的格式。因此，要全面了解由指人的名词自相组合造成的偏正结构，最好从考察“名^2”入手。

六组指人的名词按两两组合，可以构成 $6^2=36$ 种不同的“名^2”，可是事实上能成立的格式只有 20 种。具体的组合情况如下表：

表一

名$_2$ / 名$_1$	A 名$_{姓a}$	B 名$_{姓b}$	C 名$_{职a}$	D 名$_{职b}$	E 名$_{亲}$	F 名$_{代}$
A 名$_{姓a}$	* AA[2] —	AB 王刚的铁柱、周教授的小宝、老张的毛毛	* AC[3] —	AD 周水泉的秘书、王书记的司机、张军长的警卫员	AE 王刚的父亲、李厂长的儿子、张老的同事	* AF[4] —
B 名$_{姓b}$	* BA —	BB[5] 志刚的玲玲、振华的小三、铁柱的嘎子	* BC —	BD 祖棠的打字员、毛毛的保姆、世友的司机	BE 玉兰的爱人、玲玲的姑母、小三的同学	* BF —
C 名$_{职a}$	* CA —	CB 主任的小英子、司令员的振民、厂长的毛毛	* CC —	CD 主席的警卫员、司令员的勤务员、团长的通信员	CE 教授的女儿、厂长的小舅子、校长的朋友	* CF —

续表

名$_2$ / 名$_2$ / 名$_1$	A 名$_{姓a}$	B 名$_{姓b}$	C 名$_{职a}$	D 名$_{职b}$	E 名$_{亲}$	F 名$_{代}$
D 名$_{职b}$	*DA	DB 打字员的小宝、司机的兰兰、保姆的小岚	*DC —	DD⑥ 秘书的司机、打字员的保姆、司机的教员	DE 驾驶员的妹妹、打字员的老乡、通信员的孩子	*DF —
E 名$_{亲}$	*EA —	EB 哥哥的田田、大姨的敏霞、老师的小红	*EC —	ED 爷爷的卫生员、舅舅的通信员、大伯的打字员	EE⑦ 师傅的女婿、父亲的徒弟、同学的姐姐	*EF
F 名$_{代}$	FA⑧ 你们的李惠英、我们的王书记、你的老李	FB⑨ 他们的志刚、我们的小宝、你的毛毛	FC⑩ 你们的司令员、他们的书记、我们的厂长	FD 他的警卫员、你们的炊事员、我们的驾驶员	FE 你的姥姥、他的同学、我们的嫂子	*FF

很清楚，“名^2”里，名$_1$ 位置上六组指人的名词都能出现；名$_2$ 位置上，除名$_{代}$（F）外其余五组指人的名词都能出现，但是当名$_{姓a}$（A）和名$_{职a}$（C）两组名词在名$_2$ 位置上出现时，名$_1$ 必须是名$_{代}$（F）。从中我们不难概括得出六组指人的名词两两组合的规则：

规则（一）：六组指人的名词都能在名$_1$ 位置上出现。

规则（二）：如果名$_1$ 为名$_{代}$（F），那么名$_2$ 可以是除了名$_{代}$（F）以外的任何一组指人的名词，即

$$如果名_1 为 F，则名_2 为\left\{\begin{matrix}A\\B\\C\\D\\E\end{matrix}\right\}。$$

规则（三）：如果名$_1$为除了名$_{代}$（F）以外的任何一组指人的名词，那么名$_2$只能是名$_{姓b}$（B）、名$_{职b}$（D）或名$_{亲}$（E）这三组名词，即

$$如果名_1 为\left\{\begin{matrix}A\\B\\C\\D\\E\end{matrix}\right\}，则名_2 为\left\{\begin{matrix}B\\D\\E\end{matrix}\right\}。$$

（大括号｛｝表示其中的成分是任选的，下同。）

从语义上看，“名^2”都表示领属关系。

§4. 关于“名$_1$的名$_2$的名$_3$”（以下简写为“名^3”）

现在我们考察一下由六组指人的名词三三组合造成偏正结构的情况。

六组指人的名词，如按三三组合，则可以有 $6^3=216$ 种不同的“名^3”，经检验事实上能成立的格式只有 60 种。试以名$_{姓a}$（A）打头的“名^3”为例，按说可以有 $1\times6\times6=36$ 种不同的格式，事实上能成立的只有 9 种。请看（打有＊号的表示该式不成立）：

*AAA	*AAB	*AAC	*AAD	*AAE	*AAF
*ABA	ABB	*ABC	ABD	ABE	*ABF
*ACA	*ACB	*ACC	*ACD	*ACE	*ACF
*ADA	ADB	*ADC	ADD	ADE	*ADF
*AEA	AEB	*AEC	AED	AEE	*AEF
*AFA	*AFB	*AFC	*AFD	*AFE	*AFF

下面每种格式举一个实例：

ABB：魏思民的振华的小三

ABD：陈惠英的毛毛的保姆

ABE：张军长的志刚的女朋友

ADB：王书记的司机的兰兰

ADD：周部长的助理的秘书

ADE：李伯伯的打字员的女儿

AEB：老王的弟弟的小红

AED：刘司令员的老战友的警卫员

AEE：王刚的父亲的徒弟

我们看到，六组指人的名词三三组合的情况和规则跟两两组合有非常一致的地方。

首先，在“$名^3$”里，如同在“$名^2$”里一样，六组指人的名词都能在$名_1$位置上出现。可见§3. 里的规则（一）也能用来解释“$名^3$”里的$名_1$。

其次，在“$名^3$”里，也如同在“$名^2$”里一样，如果$名_1$为$名_{代}$（F），那么$名_2$可以是除了$名_{代}$（F）以外的任何一组指人的名词；如果$名_1$为除了$名_{代}$（F）以外的任何一组指人的名词，那么$名_2$只能是$名_{姓b}$（B）、$名_{职b}$（D）和$名_{亲}$（E）三组名词。可见，§3. 里的规则（二）、（三）也能用来解释

"名^3"里的名$_2$。

最后，从语义上看，"名^3"也跟"名^2"一样，都表示领属关系。当然，由于"名^3"里有三项指人的名词，因此在"名^3"里包含着两重领属关系：名$_1$和名$_2$之间一定有领属关系，名$_2$和名$_3$之间一定有领属关系。注意，名$_1$和名$_3$之间就不一定有领属关系。下面略举些实例（打＊号的不含有领属关系）：

ADD：周老的打字员的保姆（周老的打字员｜打字员的保姆｜＊周老的保姆）

BEE：兰兰的同学的妹妹（兰兰的同学｜同学的妹妹｜＊兰兰的妹妹）

CBE：厂长的毛毛的老师（厂长的毛毛｜毛毛的老师｜＊厂长的老师）

DED：警卫员的父亲的司机（警卫员的父亲｜父亲的司机｜＊警卫员的司机）

EEE：父亲的徒弟的爱人（父亲的徒弟｜徒弟的爱人｜＊父亲的爱人）

FDB：他的秘书的小宝（他的秘书｜秘书的小宝｜＊他的小宝）

与"名^2"相比，"名^3"里多一个名$_3$。我们看到，在名$_3$位置上，只能出现名$_{姓b}$（B）、名$_{职b}$（D）或名$_{亲}$（E）。这为什么？这情况说明了什么？为此我们有必要在下一小节里进一步考察六组指人的名词四四组合和五五组合造成编正结构的情况。

§5. 关于"名^4"和"名^5"[10]

六组指人的名词，如按四四组合，按说可以造成$6^4=1296$

种不同的“名^4”格式，经逐一检验，事实上只有180种能成立；如按五五组合，按说可以造成$6^5=7776$种不同的“名^5”格式，经检验，事实上也只有540种能成立。例如，“名^4”我们可以说：

ADEE：王科长（的）秘书（的）弟弟的爱人

FEEB：他（的）老师（的）姐姐的小宝

但不能说：

*DCFB：*打字员的部长的他们的毛毛

*BAFC：*振华的张芝岚的他的书记

“名^5”我们可以说：

ADDEE：赵部长（的）秘书的司机的老乡的儿子

CDEEE：团长（的）警卫员的老师的孩子的同学

但不能说：

*FBCCE：*我的玲玲的校长的教授的儿子

*ABADC：*张惠英的志刚的李淑兰的秘书的部长

值得注意的是，六组指人的名词四四组合和五五组合的情况、规则彼此非常一致；不仅如此，它们跟前面讲过的两两组合和三三组合的情况、规则也非常一致。这一点只需将六组指人的名词分别在“名^2”“名^3”“名^4”和“名^5”里出现的情况列表对照一下就可以看得很清楚：

表二

	名$_1$	名$_2$	名$_3$	名$_4$	名$_5$
“名^2”	ABCDEF	ABCDE			
“名^3”	ABCDEF	ABCDE	BDE		
“名^4”	ABCDEF	ABCDE	BDE	BDE	
“名^5”	ABCDEF	ABCDE	BDE	BDE	BDE

表二清楚地表明，“名^4”、“名^5”里名$_1$和名$_2$的情况跟“名^2”、“名^3”里名$_1$和名$_2$的情况完全一样，这足见§3. 里的规则（一）、（二）、（三）也都能用来解释“名^4”、“名^5”里的名$_1$和名$_2$。这里更需引起我们注意的是，在“名^3”、“名^4”或“名^5”里，名$_2$以后的各项位置上，六组指人的名词的出现情况完全相同，都只能是名$_{姓b}$（B）、名$_{职b}$（D）或名$_{亲}$（E）。这决不是偶然的巧合，这是有规律可循的。对于“名^3”“名^4”和“名^5”里名$_2$以后各项位置上指人的名词的出现情况，我们可以仿规则（三）的内容来加以解释，即由于名$_3$的前一项名$_2$只能是除名$_{代}$（F）以外的指人的名词，因此名$_3$只能是名$_{姓b}$（B）、名$_{职b}$（D）或名$_{亲}$（E）；以此类推，由于名只$_3$能是名$_{姓b}$（B）、名$_{职b}$（D）或名$_{亲}$（E），因此名$_3$后一项的名$_4$也只能是名$_{姓b}$（B）、名$_{职b}$（D）或名$_{亲}$（E）；同样道理，名$_4$后一项的名$_5$也只能是名$_{姓b}$（B）、名$_{职b}$（D）或名$_{亲}$（E）。

规则（一）、（二）、（三）原是根据“名^2”的情况概括得出的，按原先的表述，当然只适用于“名^2”。为使这三条规则更具有普遍性，不仅适用于“名^2”，也能适用于“名^3”、“名^4”、“名^5”，我们需要把这三条规则分别修改为：

规则（一）：在由指人的名词自相组合造成的偏正结构里，首项（即名$_1$）位置上六组指人的名词都能出现。

规则（二）：在由指人的名词自相组合造成的偏正结构里，如果前一项是名$_{代}$（F），那么相邻的后一项可以是名$_{代}$（F）以外的任何一组指人的名词。

规则（三）：在由指人的名词自相组合造成的偏正结构

里，如果前一项是除了名$_{代}$（F）以外的任何一组指人的名词，那么相邻的后一项只能是名$_{姓b}$（B），名$_{职b}$（D）或名$_{亲}$（E）。

从规则（二）、（三）中，我们不难发现指人的名词自相组合造成偏正结构的另一条更为重要的规则，即

规则（四）：在由指人的名词自相组合造成的偏正结构里，不管包含多少项，总是前一项名词限制着相邻的后一项名词的选择。

从语义上看，“名^4”和“名^5”也都表示领属关系，只是因为“名^4”里有四项指人的名词，“名^5”里有五项指人的名词，所以它们分别包含着三重和四重领属关系：名$_1$和名$_2$之间，名$_2$和名$_3$之间，名$_3$和名$_4$之间，以及名$_4$和名$_5$之间一定有领属关系。至于名$_1$和名$_3$之间、名$_1$和名$_4$之间、名$_1$和名$_5$之间、名$_2$和名$_4$之间、名$_2$和名$_5$之间以及名$_3$和名$_5$之间，也不一定有领属关系。试就上面所举的例子看：

ADEE：王科长的秘书的弟弟的爱人（王科长的秘书 | 秘书的弟弟 | 弟弟的爱人 | *王科长的弟弟 | *王科长的爱人 | *秘书的爱人）

FEED：他的老师的姐姐的小宝（他的老师 | 老师的姐姐 | 姐姐的小宝 | *他的姐姐 | *他的小宝 | *老师的小宝）

ADDEE：赵部长的秘书的司机的老乡的儿子（赵部长的秘书 | 秘书的司机 | 司机的老乡 | 老乡的儿子 | *赵部长的司机 | *赵部长的老乡 | *赵部长的儿子 | *秘书的老乡 | *秘书的儿子 | *司机的儿子）

CDEEE：团长的警卫员的老师的孩子的同学（团长的警卫员 | 警卫员的老师 | 老师的孩子 | 孩子的同学 | *团长的老师 | *团长的孩子 | *团长的同学 | *警卫员的孩子 | *警卫员的同学 | *老师的同学）

至此我们又可概括得出一条由指人的名词自相结合造成偏正结构的语义规则，即

规则（五）：由指人的名词自相组合造成的偏正结构都表示领属关系；有 n 项名词就包含 $n-1$ 重领属关系；所包含的领属关系是非传递性的，即在这种组合里，任何相邻的两项名词之间一定有领属关系，不相邻的两项名词之间不一定有领属关系[12]。

§6. 关于“名^n”及其能成立的不同格式数目

从理论上来说，六组指人的名词可以以任意数自相组合造成包含任意项名词的偏正结构“名^n”（$n\geqslant2$）。[13] §5. 里所述的五条规则将适用于任何“名^n”[14]。

前面已分别指出，能成立的不同的“名^2”格式有 20 种（§3.），“名^3”有 60 种（§4.），“名^4”有 180 种（§5.），“名^5”有 540 种（§5.）。上述每类偏正结构能成立的格式数目，都是通过对每种格式的具体检验得到的，只是限于篇幅，未能在本文中将上述各类所有能成立的和不能成立的格式全部列出来。这里，我们不难发现，上述能成立的“名^5”格式的数目正好是能成立的“名^4”格式数目的三倍，而“名^4”又正好是“名^3”的三倍，“名^3”又正好是“名^2”的三倍。它们之间如此整齐的比例关系不是偶然的，正是由规则（一）、（二）、（三）、（四）所决定的。

根据规则（一），名$_1$ 可以是 A、B、C、D、E 或 F；根据规则（四）和规则（二）、（三），当 F 处于名$_1$ 位置上时，名$_2$ 可以是 A、B、C、D 或 E，这样可造成 $1\times5=5$ 种能成立的不

同的“$名^2$”格式；当 A、B、C、D 或 E 处于$名_1$位置上时，$名_2$只能是 B、D 或 E，由此造成 5×3=15 种能成立的不同的“$名^2$”格式。加在一起，能成立的不同的“$名^2$”格式就是 1×5+5×3=20 种。

根据规则（四）和规则（二）、（三），$名_3$及其以后的各项位置上，只能出现 B、D 或 E，这就决定了“$名^2$”以后每增加一项名词，能成立的不同格式数目就递增三倍。造成“$名^2$”、“$名^3$”、“$名^4$”、“$名^5$”能成立的不同的格式数目之间整齐的比例关系的原因便由此而知。很明显，如果将“$名^2$”、“$名^3$”、“$名^4$”、“$名^5$”能成立的不同的格式数目依次列出来，正好是一个首项为 20、公比为 3 的等比数列（20，60，180，540……）这样，根据数学上的等比数列的通项公式，我们就可以求知包含任何项名词的“$名^n$”能成立的不同的格式数目。[15]

7. 关于“$名^n$”的内部层次构造

“$名^n$”里的 $n=2$ 时，即“$名^2$”，其内部层次构造简单，[16]这里我们要讨论的是 $n>2$ 时“$名^n$”的内部层次构造。

在§3. 里我们曾指出，一个复杂的偏正结构都可以把它看成一个由简单的偏正结构扩展成的格式。讨论“$名^n$”的内部层次构造时，最好跟由“$名^2$”到“$名^n$”的扩展联系起来考虑，这样问题会解决得透些。鉴于由指人的名词自相组合造成偏正结构的规律性极强，为使讨论尽量简洁些，下面我们着重讨论“$名^3$”的内部层次构造和由“$名^2$”到“$名^3$”的扩展，而所得的结论将适用于“$名^n$”（$n>2$）。

句法结构的扩展，有两种类型：[17]

一种是替换性扩展（expansion by substitution），即原结构里的某个组成成分被比它大的合成语法形式所替换，从而形成一个长度超过原结构的新的句法结构。例如：

我看⟶我（看电影）

看小说⟶看（巴金的小说）

老师的宿舍⟶（语文老师）的宿舍

一是组合性扩展（expansion through combination），即原结构作为一个构件跟另一个新的语法形式进行组合，从而形成一个长度超过原结构的新的句法结构。例如：

我不怪他⟶这件事情（我不怪他）

钾盐含量⟶土壤的（钾盐含量）

羊皮领子⟶（羊皮领子）大衣

就偏正结构来说，如果联系扩展情况来看它的内部层次构造，将有以下四种情形：

a. YZ ⟶（XY）Z 如：老师的宿舍⟶（语文老师）的宿舍

b. XZ ⟶X（YZ）如：新的桌子⟶新的（木头桌子）

c. XY ⟶（XY）Z 如：羊皮领子⟶（羊皮领子）大衣

d. YZ ⟶X（YZ）如：钾盐含量⟶土壤的（钾盐含量）

上述四种情形中，（a）、（b）属替换性扩展，（c）、（d）属组合性扩展。如果不考虑扩展的因素，单就内部层次构造来说，那么（a）和（c）相同，（b）和（d）相同。

现在需要讨论清楚的是，由指人的名词自相组合所造成的“名^3”是属于情形（a），还是（b），还是（c），还是（d）？这个问题弄清楚了，“名^n”的内部层次构造也就清楚了。在具

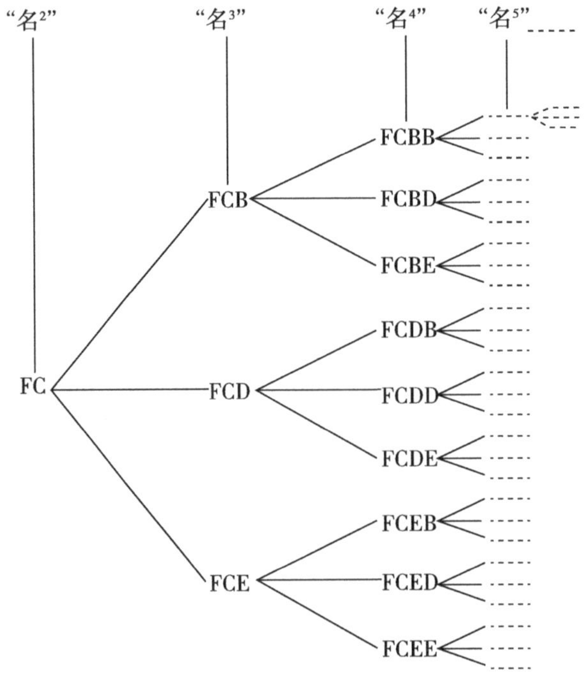

体讨论这个问题之前，有必要再补充说明这样一个事实，即从理论上来说，20 种能成立的不同的“名²”格式中的任何一种，都可以进行无限的扩展，根据规则（四）和规则（三），其扩展的形式是（试以 FC 这一格式的扩展为例）：（见上图）。

例如（以每次扩展时都是后加 E 为例）：

“名²”	FC	我们（的）团长
“名³”	FCE	我们（的）团长的父亲
“名⁴”	FCEE	我们（的）团长（的）父亲的老战友
“名⁵”	FCEEE	我们（的）团长（的）父亲的老战友的儿子
“名⁶”	FCEEEE	我们（的）团长（的）父亲的老战友的儿子的老师

“名^{7}” FCEEEEE　　我们（的）团长（的）父亲的老战友的儿子的老师的朋友

“名^{8}” FCEEEEEE　　我们（的）团长（的）父亲的老战友的儿子的老师的朋友的孩子

现在讨论上面所提出的问题。

根据规则（五），在“名^{3}”里，名^{1}和名^{3}之间不一定有领属关系，这就首先可以肯定“名^{3}”不可能是（b），即“名^{1}”不可能是由“名^{1}的名^{3}”通过替换扩展来的。“我的同事的爱人”显然不是由“我的爱人”扩展来的。

也不可能是（d），即“名^{3}”不可能是由“名^{2}的名^{3}”通过组合（前加名^{1}）扩展来的。首先，（d）是前加型组合性扩展，这种扩展从根本上来说是跟规则（四）相抵触的。其次，即使不考虑规则（四），我们也应该看到，“名^{2}”通过前加型组合只能进行有限的扩展。举例来说，凡F打头的“名^{2}”格式就不能再进行扩展；凡A、C打头的“名^{2}”格式，只能扩展一次（前加F）；其他三组名词（即B、D、E）打头的“名^{2}”格式，扩展了一次以后能否再进行扩展，还得视第一次扩展时前加哪一组指人的名词而定。因此，如果认为“名^{3}”属于（d），即认为“名^{3}”是由“名$_{2}$的名$_{3}$”通过前加型组合扩展来的，就无法解释上面已经指出的“名^{2}”中任何一个能成立的格式都能进行无限扩展的这一事实。

既然排除了“名^{3}”属于（b）、（d）这两种情形的可能性，这就可以初步肯定“名^{3}”的内部层次构造是“（XY）Z”，即不可能是“X（YZ）”。

为使我们对“名^{3}”的内部层次构造的分析能适用于所有的“名^{n}”，因此有必要追究到底是属于情形（a）还是（c）。

单就“$名^3$”看，似乎是（a）、（c）两可的，但是就整个“$名^n$”看，分析为（c）更为合理些。理由如下：

1. 规则（四）告诉我们，在由指人的名词自相组合造成的偏正结构里，总是前一项的名词限制着相邻的后一项的名词的选择。情形（c）正与规则（四）相吻合。

2. 如果分析为（a），也不好说明为什么任何一个能成立的“$名^2$”格式都可以无限扩展。须知按情形（a）也只能进行有限的扩展。

3. 前面曾不止一次地指出，指人的名词自相组合造成编正结构有着极强的规律性，正是这种极强的规律性，使“$名^2$”、“$名^3$”、“$名^4$”、“$名^5$”……各偏正结构里的同项位置上可能出现的指人的名词完全相同（见表二）。这样，我们把“$名^3$”看作由“$名^2$”后加“$名_3$”，即通过后加型组合扩展成的，这不仅可以较合理地解释为什么任何一个能成立的“$名^2$”格式都可以进行无限扩展，而且也有利于分析和认识任何一个复杂的“$名^n$”的内部层次构造。

按以上的认识，我们就可以把“$名^n$”分析为：

“$名^n$” ⟶ “$名^{n-1}$” +$名_n$

假设 $n=8$，那么“$名^8$”可分析为；

∵ “$名^8$” ⟶ “$名^7$” +$名_8$

“$名^7$” ⟶ “$名^6$” +$名_7$

“$名^6$” ⟶ “$名^5$” +$名_6$

“$名^5$” ⟶ “$名^4$” +$名_5$

“$名^4$” ⟶ “$名^3$” +$名_4$

“$名^3$” ⟶ “$名^2$” +$名_3$

“名^2” $\longrightarrow$ “名^1” +名$_2$

∴ “名^8” $\longrightarrow$ ((((((名$_1$+名$_2$) +名$_3$) +名$_4$) +名$_5$) +名$_6$) +名$_7$) +名$_8$

很显然，如果对“名^8”进行从大到小的层次分析，那将会看到一律是左向的。

例如：(见下图)

至此，我们又可概括得到一条由指人的名词自相组合造成偏正结构的重要规则；即：

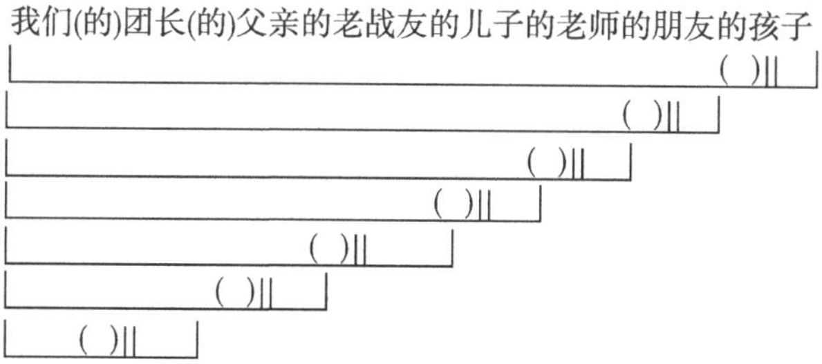

规则（六）：由指人的名词自相组合所造成的偏正结构，其内部层次构造，如果对它进行从大到小的分析，那一定都是左向的。

§8. 对“父亲的父亲的父亲”的分析

在全面了解了由指人的名词自相组合造成偏正结构的情况和规则之后，就可以明白§1. 里对“父亲的父亲的父亲”所作的（A)、(B）两种分析并不都是合理的。“父亲的父亲的父亲”当然是由指人的名词自相组合造成的偏正结构里 EEE 格式的一个特例，但是它的特殊性仅仅表现在它所包含的三项名词正好都是“父亲”一词这一点上。前面所概括得到的由指人的名词自相组合造成偏正结构的六条规则是整个这类偏正结构所具有的共性，其中每一条规则对“父亲的父亲的父亲”都起着制约作用，这就是说，“父亲的父亲的父亲”在层次构造上不可能越出上面对“名^3”乃至“名^n”所做的分析，因此，“父亲的父亲的父亲”按（A）分析才是合理的。

必须指出，§1. 里的分析手续是很成问题的。事实上在对“父亲的父亲的父亲”做层次分析之前先用了个“代入法”，即由于“父亲的父亲”与“祖父”意思相同，因而在着手分析那偏正结构之前，先直接用“祖父”替代那结构里的“父亲的父亲”，然后再做层次分析。

在句法结构的层次分析中使用这种“代入法”是很要不得的。

我们承认，在语言里有时一个意思可以用一个词来表示，也可用一个分析性的合成语法形式（这里就是指句法结构）来表示。“祖父”和“父亲的父亲”正是属于这种情形。但是，当我们对一个较复杂的句法结构做层次分析时，决不能看到所分析的句法结构里的某一串词在意思上跟长度比它短的某个词同义，于是就先用那个词去替换那串词（即先用“代入法”），然后再做层次分析。之所以不能那样做，是因为不能保证所替换下来的一串词在所分析的句法结构里一定是一个语法形式。就“父亲的父亲的父亲”来说（为便于说明，将此结构改称为“父亲$_1$ 的父亲$_2$ 的父亲$_3$”），按（A），替换下来的“父亲$_1$ 的父亲$_2$”在原结构里是个语法形式；可是按（B）替换下来的“父亲$_2$ 的父亲$_3$”在原结构里便不是个语法形式。因此，在句法结构的层次分析中不能用这种“代入法”，更不能以此作为分析复杂句法结构的层次构造的依据或原则。

既然（B）是不合理的，那为什么分析所得的结果在意思上跟（A）等值呢？须知，这完全是一种偶合。这如同在数学上，一个数，如7，既可以用一个数字“7”来表示，也可以用“3+4”或“5+2”等算式来表示。但是，当我们对一个复杂算式进行四则运算时，一定要按先乘除后加减的运算规则来运算，决不能看到所运算的算式里有“3+4”或“5+2”，就不管三七二十一先用7去替换，然后再进行运算；如果这样做就不会得到正确的答案。例如“5×3+4”这一算式，按规则运算正确答案是5×3+4＝15+4＝19；如果用“代入法”，得到的答案将是5×3+4＝5×7＝35，这就错了。有时，用“代入法”似乎也可以得到一个正确的答案，例如：

（a）1×3+4＝1×7＝7

（b）2+5×1＝7×1＝7

但这也仅仅是有条件的偶合。如果（a）里的被乘数和（b）里的乘数不是1，就不能得到正确的答案。

总之，§1. 里的“代入法”从根本上来说，是一个缺乏层次观的不科学的方法，在句法分析中决不能采用。

9. 结束语

本文从讨论“父亲的父亲的父亲”这一偏正结构的内部层次构造谈起，全面讨论了由指人的名词自相组合造成偏正结构的情况，总结得出了指人的名词自相组合造成偏正结构的六条规则。这些规则虽然是根据指人的名词自相组合造成偏正结构的情况得出的，但是这对于研究由其他词语造成的名词性偏正结构的内在规律，或许也会有些借鉴作用。譬如说，我们能

否从规则（五）、（六）推导出这样一条更带有普遍性的规则，即

规则 一个包含多项名词的表示领属关系的名词性偏正结构，如果每每相邻的两项名词之间总发生领属关系，那么这个偏正结构的内部层次构造，如果从大到小切分，一定是左向的。

这规则是否站得住？像“鲁镇的酒店的格局”（鲁迅《孔乙己》）是不是也应分析为：

[（鲁镇的酒店）的（格局）]

不妨用语言事实去检验检验。

附　　注

①为便于讨论，我们让“名^{2}”以及下文将讨论到的“名^{3}”“名^{4}”等都带上了“的”字，事实上“的”字在这些偏正结构里并不是非出现不可的（我们的团长—我们团长）。“的”字在这些偏正结构里的出没还有它自己的规律，这里不能细说。

②打有＊号的，表示该格式不成立，下同。

在强调区分同名同姓的两个人时，偶尔也用到 AA 格式，例如：“我说的是李司令员的李小平。”这种例外可不予考虑。

③似乎也有 AC 格式，如：(1) 今天是王刚的主席。(2) 王刚的主席是合法的。其实，例 (1) 里的“王刚的主席”意思相当于“王刚当主席”，这不是偏正结构，这种结构的性质有待于进一步探讨。例 (2) 里的“王刚的主席”是偏正结构，但这里的“主席”只表示职务名称，并不转指人。因此，例 (1) (2) 里的“王刚的主席”都不属于本文讨论的范围。

④似乎也有 AF 格式，如：(1) 你不认识吴志民吗？吴志民就是沈慧英的他！例 (2) 张惠敏他们看电影去了。其实，例 (1)“沈惠英的他”虽然偏正结构，但这是一种修辞上的临时用法［中心语只限于“他（她）”］，含有俏皮、戏谑的语

气，这里的“他”实际作为“爱人”的代名词。例（2）“张慧敏他们”不是偏正结构，是同位结构（亦说复指结构）。因此，它们也都不属于本文讨论的范围。BF、CF、IF、EF也有类似的情形，将不再另作说明。

⑤BB格式通常表示父母和子女的关系，“振华的小三”就是“振华的孩子小三”的意思；有时也表示爱人关系，如“昌明的凤仙呢?”既可理解为“昌明的女儿凤仙呢”，也可以理解为“昌明的爱人凤仙呢”。不管表示哪种关系，由于父母跟子女很少同名，爱人俩也很少同名，所以前后为同一个名词的BB结构（如“志刚的志刚”“玲玲的玲玲”）在实际语言里极少见。

⑥在DD格式里，前后也不能是同一个名词（＊司机的司机｜＊打字员的打字员），但也不排斥下面这种说法；（1）他竟成了保姆的保姆了。（2）这样说来，你是秘书的秘书了。这种说法里往往含有不合情理的意思。

⑦在EE格式里，前后可以是同一个名词，如，父亲的父亲｜外婆的外婆｜老师的老师｜朋友的朋友。但是，表示夫妻关系的词语不能有这样的用法（“妻子的妻子”“丈夫的丈夫”）。

⑧在FA格式里，F一般为复数人称代词，但也可以是第二人称单数人称代词，如：你的王刚｜你的老李｜你的张惠英。这时往往表示爱人关系。

⑨在FB格式里，F为单数人称代词时，或表示父母和子女的关系，或表示爱人关系，如：他的小宝｜我的毛毛｜你的惠英｜他的志华。

⑩在FC格式里，F只能是复数人称代词。似乎也可以是单数人称代词，如；（1）今天是你的主席。（2）他的科长是大伙儿选的。但例（1）的“你的主席”和例（2）的“他的科长”都不属于本文讨论的范围，参见注③。

⑪“名^4”即“名$_1$的名$_2$的名$_3$的名$_4$”，“名^5”即“名$_1$的名$_2$的名$_3$的名$_4$的名$_5$”。

⑫当“名^n”（$n>1$）里的名$_2$以及名$_2$以后的各项名词均为名$_{亲}$（E）时，则有可能不相邻的两项名词之间也有领属关系，例如，“他（的）三哥的哥哥”，也就是“他的哥哥”；“我（的）亲戚的亲戚”，也就是“我的远亲”。其中也有规律，这里不能细说。

⑬在书面上曾见到“名^5”的实例：“谁的小姨子的公公的盟兄弟的寡嫂”（老舍：《正红旗下》；人民文学出版社，1980年，北京）；“名^{11}”的实例：“俺乃著名京剧艺术大师梅兰芳之得意门生之亲侄之三姑之六嫂之外甥之大舅之同乡之同事之

同学之邻居是也!”（讽刺画“自报家门”，《北京晚报》1984 年 9 月 8 日转载自《讽刺与幽默》），这里的“之”相当于“的”。

⑭“名^n”也可以概括表示为：

XYZ^n

在上面的表示式里，X 为$\begin{Bmatrix}F\\ Ø\end{Bmatrix}$（Ø 表示零形式，下同），Y 为$\begin{Bmatrix}A\\ C\\ Ø\end{Bmatrix}$，Z 为$\begin{Bmatrix}B\\ D\\ E\\ Ø\end{Bmatrix}$；Z 右上角的 n 表示 Z 的项数。条件是 X、Y 和 Z 不能都是零形式 Ø。按上面的表示式，当 X 为 F，Y 为 A，Z 为 Ø。则便是“名^2”的 FA 格式；当 X 为 Ø，Y 为 C，$n=2$，Z_1 为 D，Z_2 为 B，则便是“名^3”的 CDB 格式；当 X 为 Ø，Y 为 Ø，$n=4$。其中 Z_1 为 B，Z_2 为 E，Z_3 为 E，Z_4 为 E，则便是“名^4”的 BEEE 格式；等等。上述表示式是根据陆丙甫先生的意见设立的。

⑮等比数列的通项公式是：

$$a_n=a_1q^{n-1}$$

a_1 表示等比数列的首项，n 为自然数，a_n 表示等比数列的通项（即任意项）的数目，q 表示等比数列的公比数。为使等比数列的通项公式里 n（项数）跟“名^n”里的 n 在数值上取得一致（现在不一致，“名^n”里的 n 比等比数列的通项公式里的 n 大于 1），我们不妨将“名^2”看作等比数列里的第二项，相应地将等比数列的通项公式改写为：

$$a_n=a_2q^{n-2}$$

这样，就成为求知“名^n”能成立的不同格式数目的等比数列通项公式。

⑯“名^2”的内部层次构造是：[名$_1$ 的] [名$_2$]，或表示为：名$_1$的名$_2$。（ ）

⑰如果 *B* 式是 *A* 式的扩展式，那么 *A* 式就是 *B* 式的模型（*model*），*B* 式的长度可以大于，也可以等于 *A* 式的长度（参见 *R. S. Welts*：*Immediate Constituents* §4. *Language*，23，1947）。这儿只就 *B* 式长度大于 *A* 式长度这一种扩展情况来说的。

附录六

“回避”与“泛化”*
——基于“HSK 动态作文语料库”的“把”字句习得考察

张宝林

《世界汉语教学》2010 年第 2 期

提要 本文是对外国人“把”字句习得情况的一个横向的断面考察，专门探讨参加高等汉语水平考试写作考试的外国考生的“把”字句习得情况。本文以“*HSK* 动态作文语料库”为语料来源，在对语料进行统计分析的基础上，把外国人的“把”字句偏误概括为回避（该用而未用）、泛化（不该用而用）、“其他偏误”三大类，对回避与泛化的类型与产生原因进行了探讨。本文认为，对参加高等汉语水平考试的二语者来说，“把”字句的回避问题并不十分严重，以往确实把这一问题夸大了；回避并非一种学习策略，而是一种缺失偏误；产生回避问题的根本原因是其他语言与汉语在句子类型上的不对

* 本文承蒙张旺熹先生指教，《世界汉语教学》匿名审稿专家对本文提出了很好的修改意见。在此一并致以诚挚的谢意。

应。本文对回避与泛化之间的相互关系也进行了探讨，进而提出了若干教学对策。

关键词 “把”字句；习得研究；回避；泛化；教学对策

0. 引言

0.1 对“‘把’字句难”的反思

对外汉语教学界普遍认为，把字句是外国人学习汉语的一个很大的难点，是“难点中的难点”（吕必松 1992：111），是外国人“最感头疼的一个问题”（李大忠 1996：132）。

对“把”字句难的原因及表现，学界有过多方面的探讨。例如吕必松（1992：113）指出：“把”字句难是因为它在语义结构上要求的条件比较多：有施动者，有施动者的动作，有施动者动作的对象，即受动者，而且这个受动者是有定的，还有受动者的变化情况。要表示这么复杂的语义结构，形式结构自然也复杂，而且要用一个介词“把”。其他语言里没有这样的句型。受动者变化的情况常常要用补语或/和“了”来表示，补语和“了”也是学生的难点。“把”字句难，就难在这些方面，可以说难点都集中在一起了。也许正是因为如此，“把”字句才被学界认为是教学中的一个“老大难”问题（李大忠 1996：132）。

学界的一个重要观点是，外国人对“把”字句采取了回避策略[①]，“要么不用‘把’字句，要么一用就错”（吕文华 1994：174）。这种看法由来已久，早在 20 世纪 50 年代，人们就已经注意到“学生躲着‘把’字句说话”的现象[②]。多年来

“把”字句一直是“中外汉语学界的热门话题”（吕文华1994：174）。今天，更是发展到谈“把”字句而“言必称回避”的程度。

一项基于语料库的研究指出：在外国学生使用的146个“把”字句中，正确句有111个，偏误句有35个，偏误率为24%；偏误句中由于对“把”字句过度概括，采用规则类推策略造成的偏误句共有19例，占所有“把”字句偏误的54.29%。（刘宏帆2007）另有研究表明：受试者在不同类型的测试题中泛化的错误率分别为77%、31%、52%。（黄月圆、杨素英2004）

这就出现了一个颇有意思的问题：回避是对“把”字句使用不足，该用而未用；泛化是对“把”字句使用过度，不该用却用了。两者是性质完全相反的偏误类型。按一般逻辑推论，如果其中一种偏误非常严重，达到50%以上，另一种偏误相对来说就应该不是那么严重，不可能也达到50%以上。可现在的情况是，“回避说”如此深入人心，几成共识；“泛化”的比例竟然也是如此之高。这未免太不合理了。

另一方面，学界对“把”字句的教学与习得也存在着一些不同的声音：“把”字句的难度在很大程度上被夸大了（刘颂浩2003）。

笔者在教学中发现，学生在回答问题时能不假思索地说出“把窗户打开”“把瓶子给你”之类的句子。笔者和一些同事谈到这一问题时，也有人认为“回避说”是一种误导。

“把”字句是现代汉语中最有特色的句式之一，不论是在本体研究方面，还是在对外汉语教学与第二语言习得研究方面，“把”字句都得到了极大的关注与非常充分的研究。然而直到今天，我们对“把”字句的习得情况似乎并不十分清楚，还存在很多疑问与困惑。例如：

1）“把”字句究竟是不是难点？如果是，难到什么程度？

2）“把”字句的习得究竟存在什么问题？

3）学生是否回避了“把”字句？如果是，究竟回避了什么？

4）在“把”字句的习得中，“回避”究竟是不是一种学习策略？

5）在存在“回避”现象的同时，为什么有大量的“泛化”偏误句？

6）“泛化”句在“把”字句的偏误中究竟占有多大比例？

7）“回避”与“泛化”究竟哪种偏误是主要的？两者又有什么关系呢？

8）产生“回避”与“泛化”的原因究竟是什么？“母语迁移说”是“回避”产生的真正原因吗？

因此，对“把”字句的教学与习得情况，还有必要做进一步的考察与研究。

0.2　研究的依据

从前人与时贤对“把”字句的研究中我们发现，研究者考察的样本数量较少，可供观察的语料数量也不多，有些研究甚至只是基于零星的样本，绝大部分研究只有十几个考察对象，有的只有2万多字的语料③，均属小规模样本的考察。

语料是描写中介语的基础，如果语料不完整、不系统或不准确，那么在此基础上描写的中介语就不可靠。（孙德坤1993）在这样的基础上，我们很难对外国人学习汉语的实际情况做出准确的判断。这也许就是造成我们对外国人的汉语学习状况并不是十分清楚，甚至很不清楚的根本原因。

针对上述问题，笔者试图在较大规模的语料基础上对外国人习得“把”字句的情况进行考察，力求得出一个具有较大普遍性的结论。

具体说来，笔者是依据“*HSK* 动态作文语料库”（1.0版）来进行研究的。该语料库收集了自1992年以来历年汉语水平考试高等考试中的部分作文答卷，共计10740篇、约400万字[④]；从字、词、句、篇、标点符号等角度对全部语料中存在的偏误进行了穷尽性标注。从目前来看，不论是语料规模，还是标注的广度与深度，该语料库都居于汉语中介语语料库建设的领先地位。

1. 偏误类型

1.1 “把”字句相关数据

在约400万字的作文语料中，共出现“把”字句3682句[⑤]，其中正确句3221句，占“把”字句总数的87.48%；偏误句461句，占“把”字句总数的12.52%。

在全部461个偏误句中，该用“把”字句而没用，即一般所谓回避“把”字句的共有165句，占偏误句总数的35.79%。不该用“把”字句却使用了“把”字句，即“把”字句的“泛化”句有161句，占偏误句总数的34.92%。该用“把”字句，也使用了“把”字句，但句中存在各种错误的共有135句，占偏误句总数的29.28%，这类问题属“把”字句的内部偏误。

这样看来，外国人习得“把”字句主要存在3种类型的偏误：回避、泛化、内部偏误。本文着重探讨回避与泛化问题，“把”字句的内部偏误问题拟另文专述。

1.2 回避的类型

我们将“把”字句的“回避”界定为：各种在该用“把”字句、母语者一般会使用“把”字句的情况下而二语者未用“把”字句的中介语现象。

在“*HSK*动态作文语料库”（1.0版）的165个回避“把”字句的偏误句中，“把”的残缺及相关偏误有115句，占69.7%，是主要的偏误类型；“把”的误用及相关偏误有50句，占30.3%，是相对次要的偏误类型。具体情况见表1。

表1 “把”字句的回避类型及其分布

序号	回避句偏误分类	数量	比例
1.	“把”残缺及相关偏误	115	69.7%
1.1	单纯缺“把”	53	46.09%
1.2	缺“把”及其宾语	11	9.56%
1.3	缺“把”，同时有其他词语或语序错误	51	44.35%
2.	“把”误用及相关偏误	50	30.3%
2.1	该用“把”而误用其他词	23	46%
2.2	该用“把”字句而误用其他句式	21	42%
2.3	句子结构要求用“把”字句而未用	6	12%

1.2.1 “把”残缺及相关偏误

1.2.1.1 单纯缺“把”。指句中该用“把”而未用，即“把”字缺失的句子。共有53句，占残缺偏误的46.09%。

例如：

（1）我们可以（ ）新鲜的肉、蔬菜等送给他们。

（2）他得（ ）自己的事情做好。

（3）其二，一般来说，抽烟的人抽烟之后（ ）剩下的扔在地上。

1.2.1.2 缺“把”及其宾语。这种偏误句不仅“把”字缺失，“把”的宾语也同时缺失。共有11句，占残缺偏误的9.56%。例如：

（4）父亲对我管教得特别严格，我一做什么事就管，有时狠狠地骂我，打我，仿佛（ ）（ ）当作敌人。

（5）即使有人发现吸烟者（ ）（ ）扔在地上，也没主动去批评他。

（6）三个和尚存心（ ）（ ）推给别人。结果这座庙里既没有水喝，也破了三个人之间的和平的机会。

上述（4）—（6）句分别缺少“把”及其宾语“我”“烟头”“活儿”等。

1.2.1.3 缺“把”，同时有其他词语或语序错误。这种偏误句在“把”字缺失的同时，还存在其他词语的使用或语序方面的偏误。共有51句，占残缺偏误的44.35%。例如：

（7）警察官也不能全部的边走边抽烟的人抓住。

（8）每个人都有懒心，互相推给别人，自己不愿意做的事情。

（9）所以父母不应该看成孩子们小皇帝。

上述（7）—（9）句正确的说法是：

（7’）警察官也不能把边走边抽烟的人全部抓住。

（8’）每个人都有懒心，都想把自己不愿意做的事情，推给别人。

(9’) 所以父母不应该把孩子们看成小皇帝。

这3个句子除都缺少“把”之外，(7) 句的“全部”位置错误，同时“的”多余。(8) 句“互相”多余，缺少“都”和“想”。(9) 句“孩子们”位置错误。

1.2.2 “把”误用及相关偏误

1.2.2.1 该用“把”而误用其他词，指该用“把”而误用其他介词或动词的句子。共有23句，占误用类偏误的46%。例如：

(10) 给箱子烧了。

(11) 时常在家里弄得乱七八糟。

(12) 后来新娘帮我带到位子吃饭。

(13) 所以他暗暗地拿别的和尚的佛经扔掉了。

上面 (10)、(11) 句误用其他介词“给”或“在”，(12)、(13) 句误用动词“帮”和“拿”。

1.2.2.2 句式误用，指该用“把”字句而误用其他句式的句子。共有21句，占误用类偏误的42%。例如：

(14) 其酷暑和潮湿使留学生赶到外地去。

(15) 我父亲的烟雾连从来不吸过烟的我的肺也弄黑了。

(16) 妈妈给别人自己的孩子的话，可能那个孩子很伤心、痛苦。

上面 (14) 句误用兼语句；(15) 句误用连字句；(16) 句误用双宾语句。

1.2.2.3 句子结构要求用“把”字句而未用。共有6句，占误用类偏误的12%。例如：

（17）你们用水桶抬水到庙里的大水桶，……

（18）所以政府让烟公司写在烟里边烟的害处，……

（19）我真的不知道在这一生中我能不能再一次跟我父亲见一面，让他抱我在他的怀里。

这种动词述语后同时带有宾语和处所补语的句子，在汉语中一般应该使用“把”字句。

1.3 泛化的类型

我们将“把”字句的“泛化”界定为：各种在不该用“把”字句、母语者一般不会使用“把”字句的情况下而二语者使用了“把”字句的中介语现象。

在“HSK 动态作文语料库”（1.0 版）的 161 个“把”字句泛化的偏误句中，“把”的多余及相关偏误有 28 句，占 17.39%，是比较次要的偏误类型；“把”的误用及相关偏误有 133 句，占 82.61%，是主要的偏误类型。具体情况见表 2。

表 2　“把”字句的泛化类型及其分布

序号	泛化句偏误分类	数量	比例
1.	“把”多余及相关偏误	28	17.39%
1.1	单纯的“把”多余	24	85.71%
1.2	“把”多余，并有其他多余词语或语序错误	4	14.29%
2.	“把”误用及相关偏误	133	82.61%
2.1	词语误用	33	24.81%
2.1.1	该用其他介词而误用“把”	30	90.91%
2.1.2	该用动词而误用“把”	3	9.09%
2.2	句式误用	100	75.19%
2.2.1	该用一般动谓句而误用“把”字句	54	54.00%
2.2.2	该用受事主语句而误用“把”字句	10	10.00%

续表

序号	泛化句偏误分类	数量	比例
2.2.3	该用文言句式而误用“把”字句	3	3.00%
2.2.4	该用兼语句而误用“把”字句	30	30.00%
2.2.5	该用其他句式而误用“把”字句	3	3.00%

1.3.1 “把”多余及相关偏误

1.3.1.1 单纯的“把”多余。指不该用“把”而用，去掉“把”就是正确句的情况。这种句子共有24句，占多余类偏误的85.71%。例如：

(20) 今年把大学毕业了。

(21) 这都是把现代社会带来的结果。

(22) 绿色食品是把用未经污染的农产品加工的食品。

1.3.1.2 “把”多余，并有其他多余词语或语序错误。指不该用“把”而用，还有其他不该用而用的词语或词语位置错误的情况。这种句子共有4句，占多余类偏误的14.29%。例如：

(23) 在学校，同学们为了得到好成绩，为了获得更高的学历，并把自己离不开阅读。

(24) 不要把亲人快逝去的思考也有。

上面的句子除“把”多余之外，(23) 句的“并”“自己”也属多余；(24) 句动词述语“有”位置错误，副词“也”多余。

1.3.2 “把”误用及相关偏误

1.3.2.1 词语误用。指该用其他介词或动词而误用“把”的句子。这种句子共有33句，占误用类偏误的

24.81%；其中30句为介词误用，3句为动词误用。例如：

（25）应该把自己做主了。

（26）我把你们教我的方式来教他们。

（27）最近出现了婚姻介绍所也是在扮演其角色，把性格相近，学历相同的男女拉红线。

（28）把歌星做每一件事情都是对的。

上面（25）—（27）句分别应用介词“由”“用”“给”，（28）句应用动词“认为”。

1.3.2.2 句式误用。指该用其他句式而误用“把”字句的句子。这种句子共有100句，占误用类偏误的75.19%。其中该用一般动谓句而误用“把”字句的有54句，该用兼语句而误用“把”字句的有30句，该用受事主语句而误用“把”字句的有10句，其他情况有6句。例如：

（29）应该把一套内衣买给父母。

（30）那么我们怎样解决这个问题？我觉得人们应该把绿色食品发展。

（31）很难再把自己努力起来。

（32）所以父母亲想把我去学那些印尼有名的舞式。

（33）把这么繁重的事婆媳一起做的话，很轻松。

（34）我进了公司的那个时候许多烟民把烟抽在自己的椅子上。

（35）吃饭时他们自然把许多事情问到我头上。

（36）发达国家可以把健康食品——绿色食品为主。

上面（29）、（30）句应用一般动词谓语句；（31）、（32）句应用兼语句；（33）句应用受事主语句；（34）应用连动句；（35）句应用双宾语句；（36）句应用文言句式“以……为……”即：

（29’）应该给父母买一套内衣。

（30’）那么我们怎样解决这个问题？我觉得人们应该发展绿色食品。

（31’）很难再使自己努力起来。

（32’）所以父母亲想让我去学那些印尼有名的舞式。

（33’）这么繁重的事婆媳一起做的话，很轻松。

（34’）我进了公司的那个时候许多烟民坐在自己的椅子上抽烟。

（35’）吃饭时他们自然问了我许多事情。

（36’）发达国家可以以健康食品——绿色食品为主。

2. 关于回避与泛化问题的讨论

2.1 关于回避

2.1.1 学习者回避“把”字句了吗？

关于这个问题，请看两方面的数据：

首先，从“HSK动态作文语料库”（1.0版）的情况看，在400万字的语料中共出现“把”字句3682句，其使用率为0.092%（据熊文新1996年的研究计算，外国留学生“把”字句的使用率为0.0917%，可以作为本文的一个佐证），仅次于“是……的”句、“是”字句和“有”字句，而高于其他句式；其偏误率为12.52%，仅次于“是……的”句、“是”字句，与“有”字句接近，而高于其他句式。一直以来，学界在谈论“把”字句的教学与习得时必提回避问题，但却几乎从来不说其他句式的教学与习得存在回避问题。从本文统计的情况看，如果只说“把”字句存在回避问题而不认为比其使用率和偏误率都低得多的其他句式（例如“被”字句、“比”字句、“连”字句、兼语句、连动句、存现句等）存在回避问题，显然是不公允的。

其次，从汉语母语者使用“把”字句的情况看，在大约3700万字的《人民日报》语料中，“把”字句的使用率在0.0754%—0.0767%，比外国人的使用率还低0.0166—0.0153个百分点[⑥]。而选择《人民日报》作为原始语料的根本原因是其作为中国最有影响力的报纸，反映了当代中国社会生活的方方面面，内容与语体多种多样，所刊登的文章相当规范。（参俞士汶等2003）

另一项对335万字语料（包括小说、戏剧等文学作品、政经论文、新闻报道、人物专访、电视谈话、采访实录等）的调查统计显示，汉语母语者“把”字句的使用率约为0.0894%，比外国汉语学习者的使用频率低0.0026个百分点。（参李宁、王小珊2001）

由上述两方面的情况看，无论是外国人和外国人比，还是外国人和中国人比，外国学习者使用“把”字句的情况都并不少，甚至还多一点。“回避说”显然根据不足。

2.1.2 回避：策略还是偏误？

根据《现代汉语词典》（第5版，商务印书馆2005）的解释，“回避”意为“让开；躲开”。所举的例子是：“~要害问题”。显而易见，回避是一种有意识的行为。

第二语言学习领域提到的“回避”均指一种学习策略。

而“学习策略是学习者利用可用信息提高第二语言熟练程度的可选性方法，是学习者用来获取、贮存、提取或使用信息的活动。”（吴平 1999）从这个意义上说，对任何学习策略的使用都是学习者的有意行为。⑦

有学者指出：第二语言学习中的回避现象实质上是对外语学习中的不确定性的回避，是学习者不愿承担学习过程中的风险而采取的一种消极手段。（阮周林 2000）某些学习者把回避作为一种交际策略（communicative strategy），以达到交际目的，而交际的顺利进行，使学习者缺乏进一步提高语言能力的动力。（陈庭云 2003）学生在学习掌握汉语中独特的句式时会有一定的难度，于是在一些可以自由选择的情况下，往往回避使用这类句式。例如被动句、“把”字句等句型，在教学中是作为重要的语言点来讲授、训练的，但是在学生的语言运用中明显表现出回避的心理。（罗青松 1999）

从以上论述来看，回避现象也好，回避策略也好，皆属学习者的有意而为。

然而，学生在“回避”“把”字句时真的意识到此处该用“把”字句了吗？所谓“回避”真是学习者有意识的行为吗？

在刘颂浩（2003）所举的例子中，学生确实意识到了要用“把”字句，但那是因为调查者直接提出了“把”字句的问题，对被调查者而言是一种“强制回答”。如果没有这种直接提问，学生能意识到在何种情况下应该使用“把”字句吗？我们对此表示怀疑。

余文青（2000）在调查中使用了这样的判断及归类标准：受试在第一次就写出“把”字句的，即认为会使用“把”字句。如在第一次没出现“把”字句，第二次出现了的，即认为回避使用“把”字句。如第一次、第二次都没出现“把”字句，则认为不会使用“把”字句。我们在相当程度上认同这一标准，因为其既有较充分的理据性，又有较强的可操作性。但是，如果脱离了余文青所设计的调查内容，如果学生第一次使用了“把”字句而第二次没用，我们又应做何判断呢？

相对而言，我们认为区分“回避”和“回避倾向”的观点（刘颂浩2003）是更接近实际情况的。这种观点认为：“回避”是一种有意识的行为，学习者想到要用“把”字句而最终放弃了；而“回避倾向”可以是有意的，也可以是无意的，对学习者的心理过程不做要求。这种观点至少承认了学生的“回避”不一定是有意识的。

从我们掌握的情况看，学生在课堂上能够较好地学习“把”字句，甚至能把“把”字句和“被”字句正确地进行转换。学生之所以“回避”“把”字句，是因为不知道什么时候应该使用“把”字句，不知道用与不用“把”字句在表达上有什么区别。因此，“解决‘把’字句教学的根本途径是要揭示‘把’字句的语义特征，使学生掌握表达什么意义时须用‘把’字句，同时还要指出使用‘把’字句的语境背景，使学生掌握在什么情况下用‘把’字句。”（吕文华1994：174）“我们不仅要让学生清楚‘把字结构’的种种结构形式，还要告诉学生它的语义本质及其语用上的基本规律，……”（张旺熹1999：15）

综上所述，就学生使用“把”字句的情况而言，所谓“回避”并非一种有意而为的“学习策略”，而是一种偏误。这种偏误和二语学习者甚至母语者写错别字一样，是无意识的。我们认为，对大多数学习者来说，如果他们能够意识到什么时间、什么场合应该使用“把”字句，也就不会回避了。例如：

(37) 不应该（ ）自己要干的委托别人。

(38) 当然（ ）绿色食品放第一位。

(39) 不需要再（ ）眼泪往肚子里吞，……

这些句子的问题都是单纯缺“把”，只要加上“把”就是正确的句子。二语者倘能意识到括号处应该使用介词“把”，是不可能造成回避偏误的。

笔者在教学中曾采用访谈的方法就学生作文中的同类现象询问过多名学生：为什么在这些地方不用“把”？学生的回答非常一致：没有想到。学生的答复充分证明他们对“把”的所谓“回避”完全是无意识的。

因此，从某种意义上来说，学习者该用“把”字句而未用的情况，与其说是有意识的“回避”，还不如说是无意识的“缺失”（omission，参 Rod Ellis 1997）。这样认识问题更符合对外汉语教学的实际。

应当指出的是，以往曾有研究触及所谓“回避”的原因问题，“或许是因为他们对‘把’字结构的使用不熟悉，在某些场合根本不知道去用”（熊文新 1996）。但研究者未能就此想法深入探讨，而是立即转回“回避策略”的固有观点上去了。这是非常可惜的。

2.1.3 回避产生的原因

有研究认为，学生回避“把”字句是由于其母语和目的语的差异造成的。(罗青松 1999) 有的教师举出的比较典型的例子是“放书在桌子上”，认为英语背景的学习者说出这样的句子是因为受到 put the book on the desk 这种结构的影响。简言之，是学习者母语的负迁移造成了“把”字句的回避现象。

然而我们注意到，同样的回避现象在各种母语背景的二语者中都会发生，回避并没有因为学习者母语的不同而表现出不同的形态。“每一种偏误类型或多或少对不同国家的学生具有共同性。”（李大忠 1996：133）因此，用特别强调母语特点的负迁移说来解释回避现象，似乎显得说服力不够强。

我们认为，应从语言共性的角度，从语言类型学的角度来认识这一问题。“当代语言类型学远远不满足于对语言的分类，而将语言共性作为自己的追求目标。面对表现各异的众多人类语言，需要特别重视的就是如何判断某种现象属于个性（差异）还是共性。”（刘丹青 2003）汉语中有一些自己所有、其他语言所无的语法现象，例如“汉语的 SSV（指主谓谓语句——引者注）是汉语独有的一种语法现象。”（曾聪孙 2001）“把”字句同样是汉语中特有的语言现象，在我们目前所知的其他语言中似乎都没有这样的句子。而“一种语言中的独特句式恰恰反映着该语言所具有的独特的认知类型，这正是语言认知类型学的关注所在，……更是汉语‘把’字句所显示出的语言类型学的价值所在。”（张黎 2007）对汉语来说，“把”字句是其个性表现之一；而对其他语言来说，没有“把”字句则是它们的共性。如果这样来认识问题的话，我们就可以很自然地得出结论：产生所谓“回避”的根本原因是汉语和其他语言在句子类型上的不匹配，不对应；而直接原因则是二语者对“把”字句的使用规则（主要是语义语用特征）没有充分掌握，即目的语知识不足。

2.2 关于泛化

2.2.1 泛化的比例有多大？

在以往的研究中，“把”字句的泛化问题很少有人提及，基本没有引起人们的关注。

李大忠（1996：133）指出：由于“处置”的提法过分概括、抽象，外国学生难以理解，因而“就容易类推，许多相近而不相同的意义都用‘把’字句来表示，这样就造成了许多形式的偏误。”李先生这里所谓因类推而造成的偏误，即指泛化。

黄月圆、杨素英（2004）的研究表明：“受试者做正误判断题时，有泛化倾向，强烈倾向接受‘把’字句，不该接受的也接受。”在某些测试题中泛化的偏误率高达31%、52%，甚至77%。

刘宏帆（2007）基于中山大学的中介语语料库的研究显示：在外国学生的35个“把”字句偏误句中，由于对“把”字句过度概括，采用规则类推策略造成的偏误句共有19例，占所有偏误句的54.29%。

这样看来，“把”字句的泛化偏误俨然已经超过其各类偏误，应该位列第一了。

然而，笔者依据“HSK动态作文语料库”（1.0版）统计的数据则是：在461个“把”字句偏误句中，“泛化”句有161句，占偏误句总数的34.92%，比刘宏帆的数据低了19.37个百分点。

同样是对“把”字句的考察，同样是基于语料库的研究，数据相差竟然如此之大。原因何在呢？通过考察发现，两个语料库的语料规模存在显著差异：中山大学的中介语语料库不超过75万字[8]，而“HSK动态作文语料库”（1.0版）则有近400万字。

考察的语料规模与范围不同，必然导致所得结论不同，结论的普遍性不同；根据较少样本、较小语料规模得出的结论，如果增加样本与语料，扩大考察范围，结论可能就会相应地发生变化。因为“比较大的样本可以减低样本统计量的变异”（戴维·S. 穆尔2003：162），所以依据较大规模语料得到的数据更具有稳定性，因而也就更可靠。

结论是：泛化偏误率在35%左右可能比较接近实际。

2.2.2 泛化产生的原因

2.2.2.1 学习策略。

目的语规则泛化是第二语言习得中的学习策略。外国人学汉语时，常常将汉语某些规则进行不适当的类推。如“不大、不太”都能跟褒义形容词结合，就以为它们能跟所有形容词结合，说出“*不大脏”。（周小兵2004）学习者在学习“把”字句时由于同样的原因，也会出现同样的问题。

需要特别强调的是，泛化确实是学习者的“有意而为”，是他们接触或了解到汉语中的这一特殊句式之后，在主动学习、积极尝试使用过程中出现的偏误。

2.2.2.2 教学上的过度诱导。

在“把”字句的教学中，教师们常常强调两件事：（1）汉语中“把”字句的使用频率很高；（房玉清1992：322）（2）外国汉语学习者很少使用“把”字句，对“把”字句采取了回避策略。

这两种认识既不符合外国人使用“把”字句的实际，也不符合中国人使用“把”字句的实际。因为如上文 2. 1. 1 所述，外国人和中国人对“把”字句的使用频率并没有质的差别。这两种认识在客观上是对外国汉语学习者在“把”字句学习上的过度诱导，其结果必然造成学习者对使用“把”字句的过度关注，甚至着迷于“把”字句的使用，进而导致“把”字句的泛化。对性格开朗、学习态度积极、勇于尝试使用新的语言现象的学习者来说，其影响尤其如此。

2. 2. 2. 3　本体研究的不足。“外国学生总是强烈地希望教师明确告诉他们：在什么情况下一定要用‘把’字句，在什么情况下一定不能用。可是，教师在‘把字句问题上最为难的恰恰就是很难明确地回答这两个问题。”（李大忠 1996：132）这是教师的局限，更是语法本体研究的不足。陆俭明先生（1998）就曾指出：“……现有的语法书、汉语教科书或工具书远远不能满足对外汉语语法教学的需要。这也不能怪编书的人，因为我们的研究还不够。”

2. 2. 2. 4　教材中的某些误导。

多种教材指出：在某些情况下必须使用“把”字句。这些情况包括：

（1）表达通过动作使某确定事物（“把”的宾语）发生位置移动、关系转移、形态变化的意义时必须用“把”字句。例如：我把那件衣服放到柜子里了。（杨寄洲主编 1999：62）

（2）句子的主要动词后有结果补语“在”“到”“给”以及表示处所、对象的宾语，必须用“把”字句。例如：老王昨天把自行车忘在校门口了。（陈灼主编 2000：145）

（3）以下3种情况：

● 动词带上了有“得”的补语，例如：

她把房间打扫得非常干净。 ＊她打扫房间得非常干净。

● 动词带上了介词词组充当的补语，例如：

我把钱存在银行。 ＊我存在银行钱。

● 动词（词组）是含“成”“为”等表示结果意义成分的形式，例如：

我把这本书翻译成英文。 ＊我翻译这本书成英文。（孙德金2002：202）

上述几种所谓“必用‘把’字句”的情况，其实并非“必用”，而只是“可用”。例如：

我把那件衣服放到柜子里了→衣服放到柜子里了/那件衣服被我放到柜子里了/那件衣服是我放到柜子里的

老王昨天把自行车忘在校门口了→自行车忘在校门口了/自行车昨天被老王忘在校门口了/自行车昨天是老王忘在校门口的

她把房间打扫得非常干净→房间打扫得非常干净/房间被她打扫得非常干净/她打扫房间打扫得非常干净

我把钱存在银行→钱存在银行/钱被我存在银行/钱是我存在银行的

我把这本书翻译成英文→这本书翻译成英文/这本书被我翻译成英文/这本书是我翻译成英文的

我们把箭头左边的原句改为箭头右边的几种不同句子，也都符合上面所列的规则，可见所谓“必用‘把’字句”的说法是不能成立的。但教材这样说了，外国学习者尚无分辨正误、去伪存真的能力，只能按教材上说的去造句。可见，上述教材所教的语法规则不能不说是对学习者的一种误导。其结果，一方面造成了“把”字句的泛化，另一方面也影响了对“被”字句、无标记被动句、“是……的”句、重动句等句式的学习，妨碍了学生汉语水平的提高。

其实，早有学者指出：从表达功能方面来看，当叙述或询问动作者进行什么动作时，一般用“主—动”或“主—动—宾”句式。当着眼于某一事物，叙述或说明通过动作该事物发生了什么变化或有什么结果时，可以用三种方式表达：（1）话题—说明；（2）“把”字句；（3）“被”字句。（刘月华、潘文娱、故韡 2001：745—746）而使用“把”字句必须注意以下两项前提：

其一，当要针对一种事物，命令、叙述、说明对它进行什么动作，并期望它产生或叙述、说明已产生什么变化或有什么结果，同时又指明动作者、责任者时，就应该用“把”字句。因为“把”字句的主语表示引起变化、造成结果的人或事物，即动作变化的引起者、责任者，所以“把”前面的主语是不可缺少的。（刘月华、潘文娱、故韡 2001：746—747）

其二，“动词后同时出现宾语和补语时，汉语必须使用‘把’字句”是有前提的，即：主要话题不是（“把”的）宾语。例如只能说“我把书放在桌子上了”，不能说“我放书在桌子上了”。但如果主要话题是（“把”的）宾语，就要说成“书我放在桌子上了”。（刘颂浩 2003）

这样看待“把”字句的使用问题，才能真正说清楚“把”字句的使用条件。把这些使用“把”字句的前提融入教学实际，才能使学习者真正避免泛化现象的产生。

2.3 回避与泛化的关系

黄月圆、杨素英（2004）认为：回避和泛化是语言习得中一对相反的学习策略和手段，但是，它们并不矛盾，它们从两个方面反映出“把”字句习得的困难和复杂性，以及学生对“把”字句的困惑。我们认同这一观点。

“回避”与“泛化”都是外国汉语学习者在学习“把”字句的过程中出现的偏误现象。但两者具有多方面的不同，例如“回避”源于学习者对“把”字句的无意识，不敏感，“泛化”则主要源于教学上对学生的过度诱导；“回避”反映了学习者的汉语程度较低，他们还意识不到在某些情况下应该使用“把”字句，而“泛化”则表现出学习者的程度较高，他们知道汉语中有“把”字句并能够积极地尝试使用；“回避”对学习者学习、掌握“把”字句没有任何积极作用，而“泛化”虽然也属偏误，但对“把”字句的学习还是有一定积极意义的。“过度概括的使用与学生的汉语水平成正比，与语际转移（负干扰）策略则成反比。随着汉语水平的提高，语际转移减少了，过度概括增加了。”（吴平 1999）这一认识在一定程度上说明了“回避”与“泛化”对汉语学习的不同意义。

另一方面，“回避”与“泛化”之间也有十分密切的联系，甚至存在一种对应关系。例如两者都涉及介词“把”的使用问题：“回避”是该用“把”而未用，“泛化”是不该用“把”而用；两者又都存在词语误用问题：“回避”是该用“把”而误用其他介词或动词，“泛化”是该用其他介词或动词而误用“把”；两者也都有句式误用问题：“回避”是该用“把”字句而误用兼语句、连动句、双宾语句等句式，“泛化”则是该用兼语句、连动句、双宾语句等句式而误用“把”字句；在偏误产生的原因方面，两者均与目的语知识的掌握有关：前者是目的语知识不足，后者是目的语知识使用过度。我们认为，“把”字句的“回避”与“泛化”之间的这种对应关系不是偶然的，而是有其内在原因的；把这种内在原因探究清楚，对“把”字句的教学与习得无疑具有十分重大的积极意义。

张黎（2007）指出：“把”字句与“给”字句、“被”字句、兼语句、使役句、连动句等句式共同构成了汉语表达具有“系联—驱动”关系的复合命题所需要的句式系统。依据认知语言学理论，这些句式间的关系是：

	直接驱动	主观驱动	正向驱动	实驱动	驱动结果
连动句	+	−	+	+	−
兼语句	−	−	+	+	+/−
使役句	−	−	+	−	+/−
“被”字句	−	−	−	−	+
“把”字句	−	+	+	−	+
“给”字句	−	+/−	+/−	−	+

由上表可见，上述句式在动力类型、动力模式、动力结果等方面，既有相同之处，也有不同之处：连动句是直接驱动，即动源体和动作实现体同一；“把”字句和使役句是间接驱动，即动源体和动作实现体不同一。“把”字句是主观的，即表示说话人“主观上认定甲对乙进行了处置”（沈家煊2002）；使役句和连动句是客观的，即陈述一个事实。“把”字句强制要求一种结果性的驱动，而使役句的驱动结果可有可无，连动句则是非结果驱动。这些句式间的关系是错综复杂的，二语者很容易张冠李戴，造成误用。例如：

（14）其酷暑和潮湿使留学生赶到外地去。（该用“把”字句而误用兼语句/使役句⑨）

（34）我进了公司的那个时候许多烟民把烟抽在自己的椅子上。(该用连动句而误用“把”字句)

二语者之所以会产生这样的偏误，就是因为他们不清楚“把”字句和使役句、连动句之间的种种区别。

在因句式误用而导致的100个泛化偏误句中，该用一般动词谓语句而误用“把”字句的有54句。例如：

（40）我看到您公司招聘启事以后把这封信写。

（41）把20年以来一直住的地方离开，他们感觉舍不得。

根据沈家煊（2002）的观点，“不管客观上甲是否处置乙，只要说话人是这么认定的，就用‘把’字句，说话人不这么认定，就用动宾句（即一般动词谓语句——引者注）。”即“把”字句的语法意义是表达“主观处置”。我们认为，二语者正是由于不了解“把”字句的这种语法意义，在（40）、（41）句这种表示客观叙述而非主观认定的场合使用“把”字句，才导致了泛化偏误的产生。

综上所述，搞清楚“把”字句与其他相关句式的区别与联系，以及搞清楚介词“把”与其他介词及某些动词的区别与联系，对“把”字句教学具有十分重要的理论价值和实践意义。

3. 启示

3.1 对教学的启示

1）对“把”字句教学的重视是应该的，但应适度。

对外汉语教学界一向重视“把”字句的教学，将其视为最大的教学难点之一。但根据本文的考察，外国人使用“把”字句的正确率约为87.48%；偏误率约为12.52%。可见“把”字句教学成绩是主要的，外国汉语学习者在大多数情况下是可以正确使用“把”字句的。以往确实把这一问题夸大了。因此在教学中，对“把”字句既要充分重视，又要正确认识。过分强调其难度，并不符合教学实际，而且会造成误导，不利于该句式的教学。

2）应适当“淡化”“把”字句的教学。

对外汉语教学一向重视“把”字句的回避问题，一再强调“把”字句的重要性，鼓励学生使用“把”字句。但从本文来看，“把”字句的偏误除回避之外，还有泛化和内部偏误问题。其中特别值得注意的是，泛化与回避的偏误率基本相同，而以往对这种偏误认识不足，重视不够。毫无疑问，泛化产生的原因是多方面的，教学中的过分强调也许就是其中之一。因此，为了减少泛化偏误，应适当降低对“把”字句的强调程度，即避免向学生过度渲染“把”字句使用的广度与难度，而适当采取“淡化”的教学对策。

3）大力加强“把”字句的语义语用教学。

在“把”字句的回避偏误中，“把”的残缺及相关偏误占69.7%，是矛盾的主要方面。究其原因，并非学习者采取了有意识的学习策略，而是不知道在什么场合之下应该使用“把”字句，用与不用在表达上究竟有什么区别。因此，应大力加强“把”字句的语义语用教学，即“把”字句的用法的教学。要使学习者切实明了使用“把”字句和不用“把”字句在语义上有什么区别，什么情况该用“把”字句或非用不可，什么情况下不能使用“把”字句。（张宝林2008）

4）大力加强介词教学。

在“把”字句的回避和泛化偏误中，存在大量的词语误用问题，即该用“把”时误用了其他介词或动词，该用其他介词或动词时又误用了“把”。其中误用介词占到词语误用导致的泛化偏误的90.91%，所以应大力加强介词教学，使学生真正了解介词“把”和其他介词的不同功用与不同用法。

5）大力加强句式教学。

在“把”字句的诸多偏误中，还存在大量的句式误用问题，即该用“把”字句时误用了其他句式，该用其他句式时又误用了“把”字句。这些与“把”字句误用的句式包括一般动词谓语句、受事主语句、兼语句、连动句、双宾语句等，其中一般动词谓语句和兼语句误用为“把”字句的比例分别占到54%和30%。因此应大力加强句式教学，特别是不同句式的对比分析，使学生搞清楚“把”字句与这些句式，以及“被”字句、意义上的被动句、“是……的”句、重动句、情态补语句等句式的联系与区别。

6）回避与泛化虽然都是学习中的偏误，但对学习的意义与影响并不相同。回避不论是有意的、还是无意的，对掌握一种句式、一种语言现象都是不利的。而泛化虽然产生的是错误的句子，但却在一定程度上表现出学习者勇于尝试的积极的学习态度，对语言学习有一定的积极影响。教师应针对学习者的不同表现分别采取诱导、鼓励等不同的教学态度和相应的教学方法。

3.2 对测试的启示

1）汉语水平考试对“把”字句的测试在认识上应更加全

面，更加深入，应在全面、准确地把握“把”字句习得实际情况的基础上命题施测，从而增强“把”字句测试的目的性与科学性，避免盲目性与随意性。

2）汉语水平考试对“把”字句的考察方式应更加灵活，可从回避、泛化与内部偏误三个角度命题。

附　注

①参见罗青松 1999、刘颂浩 2003。

②这一情况及这种非常生动的表达方式是赵淑华老师告诉我的。

③参罗青松（1999）、李宁、王小珊（2001）、刘颂浩（2003）、程乐乐（2006）等。

④该语料库 1.1 版已扩充至 11569 篇考生作文，约 424 万字。

⑤“把”字句的数据来源：在“HSK 动态作文语料库”（1.0 版）中按“把”字检索，共有带“把”字的句子 3587 句，在语料库中分 180 页显示。考虑到“把”的不同词性问题，又对 3587 个带“把”的句子进行了随机抽样检查，具体方法是每隔 5 页查看 1 页，共查看 36 页，即检查了 20%的句子，结果是：作为动词语素的 2 个（“把持”“把握”），作为名词语素的 3 个（“把握”），作为量词的 9 个，共计 14 个非“把”字句。扩大 5 倍为 70 个，3587－70＝3517 句；加上按“错句”检索到的 461 个偏误句中的 165 个回避掉“把”的偏误句，共有“把”字句 3682 句。

⑥俞士汶、段慧明、朱学锋、田中康仁等对《人民日报》1998 年上半年共计 1300 万字标注语料进行统计，“把”作为一个词共出现了 10221 次，其中介词 9801 次。笔者根据宋柔教授主持研制的面向语言教学和研究的汉语文本检索软件 CCRL 中《人民日报》2000 年全年约 2400 万字语料的统计，共有 19189 个带“把”的句子。其中介词用法的有 18413 句。

⑦根据钱玉莲 2004 年的研究，关于学习策略是外现的还是内隐的，是有意识的还是无意识的等说法不一，学界并没有一个统一的认识。

⑧根据张舸（2008），中山大学留学生中介语语料库规模近 75 万字。刘宏帆之

文发表于2007年，使用的也是中山大学的语料库，但未交代语料规模。依张文推算，当不会多于75万字。

⑨使役句的概念参见何元建、王玲玲（2002）。本文对其中的使动句和一般所说的兼语句不做严格区分。

参考文献

陈庭云 2003，二语习得中回避现象浅析，《重庆工学院学报》第17卷第5期

陈灼 2000，《桥梁——实用汉语中级教程》（上），北京语言文化大学出版社

程乐乐 2006，日本留学生“把”字句习得情况考察与探析，《云南师大学报》第5期

戴维·S·穆尔 2003，《统计学的世界》（第5版），中信出版社

房玉清 1992，《实用汉语语法》，北京语言学院出版社

黄月圆、杨素英（2004），汉语作为第二语言的把字句习得研究，《世界汉语教学》第1期

何元建、王玲玲（2002），论汉语使役句，《汉语学习》第4期

李大忠 1996，《外国人学汉语语法偏误分析》，北京语言文化大学出版社

李宁、王小珊 2001，“把”字句的语用功能调查，《汉语学习》第1期

刘丹青 2003，语言类型学与汉语研究，《世界汉语教学》第4期

刘宏帆 2007，“把”字句的习得研究及其教学——基于中介语语料库的研究，《第四届全国语言文字应用学术研讨会论文集》，四川大学出版社

刘颂浩 2003，论“把”字句运用中的回避现象及“把”字句的难点，《语言教学与研究》第2期

刘月华、潘文娱、故韡 2001，《实用现代汉语语法》（增订本），商务印书馆

陆俭明 1998，对外汉语教学中经常要思考的问题——为什么？是什么？怎么样？，《语言文字应用》第4期

罗青松 1999，外国人汉语学习过程中的回避策略分析，《北京大学学报（哲学社会科学版）》1999年第6期

吕必松 1992，《华语教学讲习》，北京语言学院出版社

吕文华 1994，《对外汉语教学语法探索》，语文出版社

钱玉莲 2004，第二语言学习策略研究的现状与前瞻，《暨南大学华文学院学报》第 3 期

阮周林 2000，第二语言学习中回避现象分析，《外语教学》第 21 卷第 1 期

沈家煊 2002，如何处置“处置式”？——论把字句的主观性，《中国语文》第 5 期

孙德金 2002，《汉语语法教程》，北京语言文化大学出版社

孙德坤 1993，中介语理论与汉语习得研究，《语言文字应用》第 4 期

吴　平 1999，从学习策略到对外汉语写作教学，《汉语学习》第 3 期

熊文新 1996，留学生“把”字结构的表现分析，《世界汉语教学》第 1 期

杨寄洲 1999，《汉语教程》第二册，北京语言文化大学出版社

俞士汶、段慧明、朱学锋、田中康仁 2003，大规模标注汉语语料库开发的基本经验，《汉语语言与计算机学报》第 2 期，新加坡

余文青 2000，留学生使用“把”字句的调查报告，《汉语学习》第 5 期

曾聪孙 2001，世界诸语言的新类型学研究，《天津师范大学学报》（社会科学版）第 5 期

张宝林 2008，对外汉语语法知识课教学的新模式，《语言教学与研究》第 3 期

张舸 2008，程度副词结构作状语、谓语和补语的语义及句法差异，《〈第二届中青年学者汉语教学国际学术研讨会〉资料汇编》，北京大学对外汉语教育学院编

张　黎 2007，汉语“把”字句的认知类型学解释，《世界汉语教学》第 3 期

张旺熹 1999，《汉语特殊句法的语义研究》，北京语言文化大学出版社

周小兵 2004，学习难度的测定和考察，《世界汉语教学》第 1 期

Ellis，R. 1997. Second Language Acquisition. Oxford：Oxford University Press.

后　记

收束全文，掩卷而思，感想颇多，也有很多要感谢的人。我的感想有以下三点：第一点，学无止境。尽管已经读完了博士和博士后并带了好几届研究生，但至今仍不敢说自己已经“会”写论文了，论文写作或许将是我一生研习的课程。第二点，教学相长。在与我自己带的汉语国际教育硕士研究生和“学术论文写作”通选课上的各国、各专业的硕士生和博士生们的互动讨论中，我获得了很多灵感；他们问我的很多问题，也激发了我进一步思考的兴趣。第三点，勇往直前。这些年的感悟是在治学过程中要不断把自己的心得体会写出来，不断地写、写、写……。想把所有的书都读完再下笔的想法是不足取的，只有勇往直前才能有所提高、有所长进。

一路走来，受到诸多师友的教导与帮助，不胜感激之至！首先感谢学院资助本书，使这本教材有机会面世，为研究生论文写作课程略尽绵薄之力！

感谢我的博士导师李宇明教授，在论文写作方面从李老师处受益最多！老师的教诲有时是在课堂上，有时是在沙龙上，有时是在饭桌上，有时是在病床上……只可惜我很愚鲁，未能充分领悟老师的教诲，今后当更加努力前行！感谢我的博士后导师崔希亮教授，崔老师从人生到写作都给了我很大启示！老师的博士论文对我启发很大，尤其是论文的后记给了我很多思考；与老师合写的两篇论文则让我进一步领悟了老师的治学方法！

感谢陆俭明先生和马真先生！在与两位先生的交往过程中，我学到了很多治学、写作的方法。不仅是单篇论文的写作，在多篇论文同时写作的方法上我也似有所悟，至今受用不尽！感谢我的老师徐赳赳教授和刘海涛教授！这两位老师是我的编外导师，在治学方面对我指导良多，在论文写作方面更是耳提面命，匡正了我的很多谬误！

感谢我的老师吴为章先生！感谢先生对我的谆谆教诲！感谢我的老师李大勤教授，没有大勤老师的多次点拨，我很可能完不成博士论文！感谢陈祖亮教授，陈老师向我灌输的国际化写作范式，使我受益良多！我还要感谢我的研究生张化雨、姜欢桐、刘文艺和张建丹四位同学，是他们在我病重时帮忙校对书稿，付出了很多。特别感谢我的责编戴佩丽编审，她的认真、负责、细致和周到令我深深感动，没有她的帮助，拙著是不可能这么顺利出版的！

最后但并非不重要，特别要感谢我的爱人李洁博士，没有她的鼎力支持是不会有这本书的！要感谢的人还有很多很多，很可能挂一漏万，在此一并谢过！

娄开阳　谨识

2017 年 9 月 10 日